一卖就赚

卖在顶部的123个卖出信号

刘　平■编著

中国宇航出版社
·北京·

图书在版编目(CIP)数据

一卖就赚：卖在顶部的123个卖出信号 / 刘平编著. -- 北京：中国宇航出版社，2015.11（2025.3 重印）

ISBN 978-7-5159-0985-1

Ⅰ. ①一… Ⅱ. ①刘… Ⅲ. ①股票投资－基本知识 Ⅳ. ①F830.91

中国版本图书馆CIP数据核字(2015)第213772号

责任编辑　田方卿

责任校对　方　妍　　装帧设计　宇星文化

出版发行　中国宇航出版社

社　址　北京市阜成路8号　　邮　编　100830

(010)60286808　　(010)68768548

网　址　www.caphbook.com

经　销　新华书店

发行部　(010)60286888　　(010)68371900

(010)60286887　　(010)60286804(传真)

零售店　读者服务部

(010)68371105

承　印　三河市君旺印务有限公司

版　次　2015年11月第1版　　2025 年 3 月第 3 次印刷

规　格　787×960　　开　本　1/16

印　张　15.5

书　号　ISBN 978-7-5159-0985-1

定　价　38.00元

前言
PREFACE

所谓炒股技术，归结起来无外乎买和卖，寻找买点和卖点是所有炒股技术流派永恒的主题。买在最低点，卖在最高点，是每个股民梦寐以求的。

买在底部，就等于坐上了财富倍增的火箭，股市变成了超级提款机，日进斗金不是梦。卖在顶部，就等于给超级提款机加了一道防火墙和安全锁，在股市中不但赚得盆满钵满，还能平平稳稳地落袋为安。

炒股的技术流派这么多，K线分析技术、形态分析技术、指标分析技术、量价分析技术、跟庄实战技术、价值投资理论、成长股投资理论……令人目不暇接，眼花缭乱，那么哪种技术和理论最有效、最简单、最便捷？

股市有一句谚语：会买的是徒弟，会卖的才是师傅。这句话是一个真理。及时卖出股票，要比买到好股票更重要。对于任何一位股民来说，购买股票的目的都是为了能够获利。投资股票获利与否的关键，是能够在一个利益最大化的点位出脱自己手中的股票，也就是在顶部到来前及时离场。这就要求投资者能够及时发现顶部到来的种种迹象，并准确判断顶部的到来。

判断顶部的技术何在？

股票买卖是一项技术活，不能跟着小道消息走，不能跟着感觉走。股票投资大师乔治·索罗斯说，股票市场最惹人发笑的事情，是每一个同时买入和卖出的人都会认为自己比对方聪明。

如何简单快捷地获得炒股知识和技术，构建自己的方法体系？股民需要一个既兼顾找底寻顶技法系统性，又突出实战性的方法体系。

为了让读者可以轻松掌握识别底部、顶部的知识和技巧，笔者投入了大量精力，编写了这套《一买就涨——买在底部的101个起涨信号》和《一卖就赚——卖在顶部的123个卖出信号》。

本书具有如下几个特色。

◆实用性强。摒弃繁杂的操作方法，分别就炒股中最核心的买卖点研判方法谋篇，集萃中外证券投资专家学者、股票投资名家的成功方法、经验技巧和操作策略，选择其有效性最高的部分，针对具体买卖信号的特征，对其进行简单直接或深入细致的解析。

◆实战性强。本书所选实例均取材于近期个股，与股票市场和当前行情联系紧密，针对性强，将实用性发挥到最大限度。

◆内容丰富。几乎囊括了所有找底和寻顶操作策略的各个知识点，内容系统、全面、丰富。

◆难易适度。以"快易通"的方式，将找底与寻顶信号从浩繁的炒股理论和方法里撷取出来，使读者能够按图索骥，随取随用，信手拈来。

◆信息量大。甄选了100多种买入和卖出信号，既不失体系的完整性，又增强了方法的实用性和可操性。

◆条理清晰。条分缕析，每个信号独立成节，简单直观，一目了然。

◆图文并茂。为便于读者阅读理解，本书几乎每种信号都配有一张K线图，详细地标示了这种信号的形态和所处的位置，方便读者解读K线图，掌握方法和技巧，并敏锐捕捉股票买卖时机，获得稳定的收益。

◆便于掌握。从多个维度剖析底部与顶部特征及其动态变化情况，帮助读者准确把握买入时机和卖出时机，在最佳时机出手股票，实现收益最大化。

◆形式活泼。本书通过"买赚箴言""卖赚宝典"等栏目提示内容要点、注意事项、背离情况、补充说明等，使读者更好地理解、消化和吸收书中技巧。

◆读者面广。注重短线操作，适合大多数股民的操盘风格和操作思路。既适合新股民学习参考，也适用于有一定知识和经验的老股民夯实专业技巧。

编者

2015年7月

目录 CONTENTS

第一章 | 把握 K 线组合形成的卖出信号

- 信号 001：顶部星线反转 / 2
- 信号 002：高开阴线下插阳线 / 3
- 信号 003：顶部上吊线 / 7
- 信号 004：下降三法 / 8
- 信号 005：向上跳空星形线 / 9
- 信号 006：顶部长上影线小 K 线 / 11
- 信号 007：顶部三星线 / 13
- 信号 008：下跌三颗星 / 14
- 信号 009：十字星孕线 / 15
- 信号 010：高位连阳星线 / 17
- 信号 011：连续递涨三大阳线 / 18
- 信号 012：顶部转弱三阳线 / 20
- 信号 013：跳空高开顺延双阴线 / 21
- 信号 014：大阳向上跳空双阴线 / 23
- 信号 015：顶部递接三阴线 / 23
- 信号 016：顶部凸形三阴线 / 24
- 信号 017：低档盘整线 / 26
- 信号 018：涨势尽头线 / 28
- 信号 019：挽袖线 / 30
- 信号 020：高位孕育线 / 31
- 信号 021：高位待入线 / 33

■ 信号 022:高位切入线 / 35
■ 信号 023:下降覆盖线 / 37
■ 信号 024:高位插入线 / 38
■ 信号 025:两阴夹一阳 / 40
■ 信号 026:高位抱线 / 42
■ 信号 027:高位五连阴 / 43
■ 信号 028:大阳线收跳空高开低走阴线 / 44
■ 信号 029:前方受阻并列阳线 / 46
■ 信号 030:跳空下降二阴线 / 48
■ 信号 031:高位开盘秃阴线 / 49
■ 信号 032:反击顺沿线 / 50
■ 信号 033:平顶线 / 50
■ 信号 034:下降途中大阳线 / 52
■ 信号 035:长十字星收向下跳空大阴线 / 54

第二章 | 捕捉 K 线形态形成的卖出信号

■ 信号 036:头肩顶的卖出信号 / 58
■ 信号 037:倒 V 顶的卖出信号 / 60
■ 信号 038:双重顶形成的卖出信号 / 62
■ 信号 039:三重顶的卖出信号 / 65
■ 信号 040:圆弧顶的卖出信号 / 67
■ 信号 041:岛型顶的卖出信号 / 69
■ 信号 042:凤凰顶的卖出信号 / 71
■ 信号 043:菱形顶的卖出信号 / 72
■ 信号 044:矩形顶的卖出信号 / 73
■ 信号 045:顶部倒 N 字形态的卖出信号 / 75
■ 信号 046:下降平台向下突破的卖出信号 / 77

■ 信号 047:上倾楔形向下突破的卖出信号 / 79
■ 信号 048:下降矩形向下突破的卖出信号 / 80
■ 信号 049:下降三角形向下突破的卖出信号 / 82
■ 信号 050:下降旗形向下突破的卖出信号 / 84
■ 信号 051:缺口向下突破的卖出信号 / 86

第三章 | 掌握技术指标确认的卖出信号

■ 信号 052:运用 W%R 指标确认卖出信号 / 90
■ 信号 053:运用 MACD 指标确认卖出信号 / 92
■ 信号 054:借用 KDJ 指标确认卖出信号 / 94
■ 信号 055:运用 ADR 指标确认卖出信号 / 97
■ 信号 056:运用 RSI 指标确认卖出信号 / 99
■ 信号 057:利用 SAR 指标确认卖出信号 / 102
■ 信号 058:运用 BOLL 指标确认卖出信号 / 104
■ 信号 059:运用宝塔线确认卖出信号 / 106
■ 信号 060:运用 BIAS 指标确认卖出信号 / 108
■ 信号 061:运用 OBV 指标确认卖出信号 / 110
■ 信号 062:运用 DMI 指标确认卖出信号 / 112

第四章 | 趋势线发出的卖出信号

■ 信号 063:上升趋势中第三条扇形线被突破确认卖出信号 / 116
■ 信号 064:上升趋势中 1/3 速度线和 2/3 速度线被突破确认卖出信号 / 117
■ 信号 065:上升趋势线遇阻力确认卖出信号 / 119
■ 信号 066:上升趋势顶端出现流星线确认卖出信号 / 121
■ 信号 067:向下跌破上升趋势线确认卖出信号 / 122
■ 信号 068:股价跌破水平趋势线确认卖出信号 / 124

■ 信号 069:中期下降趋势中,股价反弹至中期下降趋势线附近确认卖出信号 / 126
■ 信号 070:支撑线反转为阻力线确认卖出信号 / 128
■ 信号 071:股价接触到通道上轨线确认卖出信号 / 129

第五章 | 抓住均线系统圈定的卖出信号

■ 信号 072:跌破 5 日均线的卖出信号 / 134
■ 信号 073:跌破 10 日均线的卖出信号 / 135
■ 信号 074:一根阴线跌破 5 日、10 日、20 日均线的卖出信号 / 137
■ 信号 075:5 日、10 日、30 日均线死叉的卖出信号 / 139
■ 信号 076:13 周及 26 周均线死叉的卖出信号 / 142
■ 信号 077:5 日均量线向下跌破 10 日均量线的卖出信号 / 142
■ 信号 078:10 日均量线向下跌破 30 日均量线的卖出信号 / 145
■ 信号 079:三均线死叉的卖出信号 / 147

第六章 | 挖掘量价异动中隐藏的卖出信号

■ 信号 080:高位价涨量缩的卖出信号 / 150
■ 信号 081:高位量增价跌的卖出信号 / 151
■ 信号 082:并列大阴量的卖出信号 / 153
■ 信号 083:高位并列大阳量的卖出信号 / 155
■ 信号 084:高位放巨量收长阴的卖出信号 / 156
■ 信号 085:顶量不足的卖出信号 / 158
■ 信号 086:巨量打开涨停板的卖出信号 / 160
■ 信号 087:堆量滞涨的卖出信号 / 161
■ 信号 088:下跌放量的卖出信号 / 163

第七章 | 庄家动作分析确认卖出信号

- 信号 089:各周期庄家出货的卖出信号 / 166
- 信号 090:长阳跳空式拉升的卖出信号 / 167
- 信号 091:波段上扬式拉升的卖出信号 / 168
- 信号 092:阶梯轮涨式拉升的卖出信号 / 169
- 信号 093:横盘整理式拉升的卖出信号 / 170
- 信号 094:平台递推式拉升的卖出信号 / 171
- 信号 095:逼空上攻式拉升的卖出信号 / 173
- 信号 096:无机震荡式拉升的卖出信号 / 174
- 信号 097:多维复合式拉升的卖出信号 / 175
- 信号 098:向上盘整时的卖出信号 / 175
- 信号 099:向下盘整时的卖出信号 / 177
- 信号 100:利好消息井喷发出卖出信号 / 178
- 信号 101:股票价位涨幅巨大发出卖出信号 / 179
- 信号 102:量价异常发出卖出信号 / 181
- 信号 103:指标股异动发出卖出信号 / 182
- 信号 104:高位振荡盘整换手充分的卖出信号 / 183
- 信号 105:上涨出货的卖出信号 / 184
- 信号 106:规律性出货的卖出信号 / 186
- 信号 107:边拉升边出货的卖出信号 / 187
- 信号 108:长阴贯底出货的卖出信号 / 188
- 信号 109:高位反抽出货的卖出信号 / 189
- 信号 110:横盘震荡出货的卖出信号 / 190
- 信号 111:无量阴跌出货的卖出信号 / 192
- 信号 112:庄家拉出长上影线的卖出信号 / 193

第八章 | 股市行情分析识别卖出信号

- 信号 113:牛市行情确认卖出信号 / 196
- 信号 114:熊市行情确认卖出信号 / 200
- 信号 115:猴市行情确认卖出信号 / 205
- 信号 116:趋势市确认卖出信号 / 207
- 信号 117:转势市确认卖出信号 / 212
- 信号 118:崩盘市确认卖出信号 / 219

第九章 | 大盘现象提示的卖出信号

- 信号 119:国家政策调控传递的卖出信号 / 224
- 信号 120:盘面特征发出的卖出信号 / 227
- 信号 121:指数顶部 K 线传递的卖出信号 / 228
- 信号 122:指数顶部量能传递的卖出信号 / 231
- 信号 123:指数超跌破位传递的卖出信号 / 234

【参考文献】 / 236

第一章

把握K线组合形成的卖出信号

信号001 顶部星线反转

顶部星线反转，又称黄昏之星，通常在一个上升趋势后期出现，表示股价回落，是卖出信号，投资者应伺机抛货（如图 1-1）。

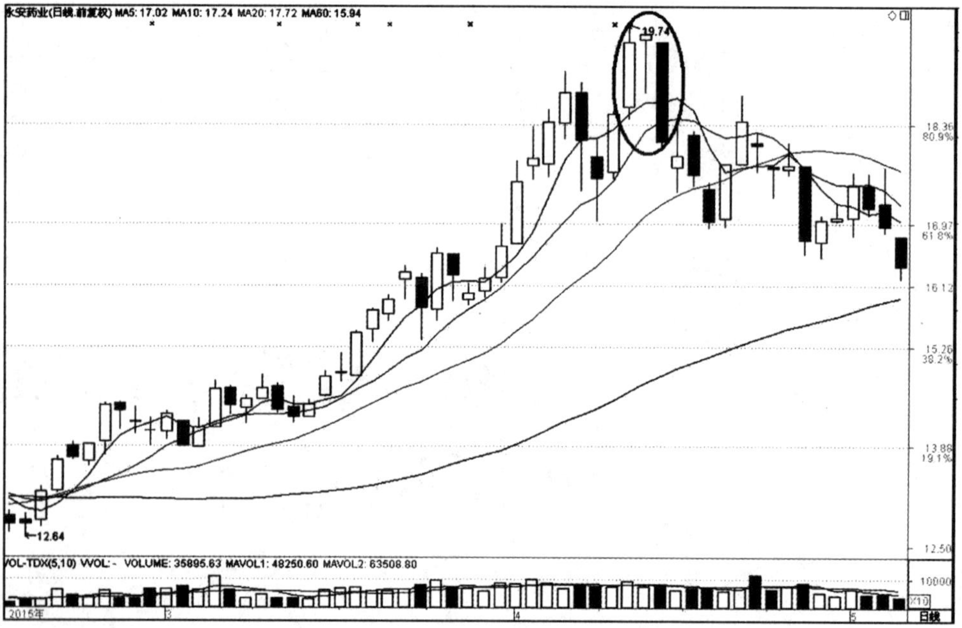

图 1-1 顶部星线反转

顶部星线反转由三个交易日的 K 线组成。

第一天，在股价上升途中，出现一根实体较长的阳线；第二天，出现一根向上跳空高开的十字星，且最低价高于前一天的最高价，与第一天的阳线之间产生一个缺口；第三天出现阴线，并且下跌吞食第一根阳线实体的一部分或全部，显示卖盘力量强大，市况已经发生根本转变，跌势一直持续到收市。

顶部星线反转是上升趋势后期出现的较强烈的反转信号。上升趋势中出现顶部星线反转形态，表示股价将出现回落，是卖出信号。

对于激进的短线投资者来说，顶部星线反转当中的第三根 K 线即阴线，本身就是一个较好的止损点或止盈点，投资者应伺机抛货。

对于中线投资者来说，顶部星线反转形态提供的信号有一定的偏差，因为在强势的多头上涨行情中，有时顶部星线反转形态往往有可能以失败告终。如能结合成交量进行研判，对于提高判断的准确性很有帮助。

在操作中遇到顶部星线反转形态，最稳健的做法是静静等候两三天，仔细观察大盘走势，然后才决定是走是留。通常投资者需要注意以下几点。

（1）如在阴线之后出现反弹，且反弹吞食掉黄昏之星第三根阴线实体的 2/3 以上，说明买盘仍具有一定的实力，投资者不必离场过早。

（2）如在二至三天内反弹未能吞食掉黄昏之星第三根阴线实体的 2/3，说明卖盘已占上风，下跌趋势确立。

（3）如果在二至三天内不能出现小幅反弹，甚至出现自由落体式的暴跌态势，说明卖盘力量占据绝对优势。此时要快刀斩乱麻，趁早出局，以持币为主。

卖赚宝典

投资者在研判顶部星线反转时，不可忽略以下两方面的内容。

（1）顶部星线反转的第二根 K 线的区分。第二根 K 线的性质，对研判顶部星线反转也非常重要。如果是阴线，则要比阳线见顶反转的可能性高。

（2）第三根 K 线如果以向下跳空缺口形式出现，则向下破位的可能性将大大增强。

信号002　高开阴线下插阳线

高开阴线下插阳线也称乌云线、覆盖线，由一根阳线和一根阴线组成，阴线在阳线收盘价之上开盘，在阳线实体内收盘，形成乌云盖顶之势（如图 1–2）。

图 1–2　高开阴线下插阳线

高开阴线下插阳线的主要特征如下。

高开阴线下插阳线形态属于顶部反转形态，一般出现在上升趋势后期，有些情况下也可能出现在水平调整区间的顶部。在这一形态中，第一天是一根坚挺的白色实体，一般 K 线表现为大阳或者中阳线；第二天的开盘价超过了第一天的最高价（就是说超过了第一天的上影线的顶端），但是市场却收在接近当日的最低价水平，并且收市价明显向下插入到第一天白色实体的内部，也就是说第二根 K 线是高开低走。

第二天的黑色实体向下插入第一天的白色实体程度越深，则该形态构成顶部反转的可能性越大。有些日本技术分析师要求，第二天黑色实体的收市价必须向下穿过前一天白色实体的 50%。如果黑色实体的收市价没有向下穿过白色实体的中点，当这类乌云盖顶形态发生后，或许最好等一等，看看是否还有进一步的看跌验证信号。

高开阴线下插阳线可在K线图的任何位置出现，但只有出现在高位和上升途中或下降途中，才具有研究价值。处在高位及下降途中的高开阴线下插阳线，显示的是卖出信号；处在上升途中的高开阴线下插阳线则是买入信号；在横向盘整行情中出现的高开阴线下插阳线，属于一般波动，不能作为操作的依据。

高开阴线下插阳线的类型有以下几种。

1. 高位高开阴线下插阳线

股票涨升多日，价格处在高位，此时出现一根在前一阳线最高价以上开盘，在前阳线实体内收盘的阴线，称为高位高开阴线下插阳线（如图1-3）。高位高开阴线下插阳线是见顶信号，投资者应考虑卖出。

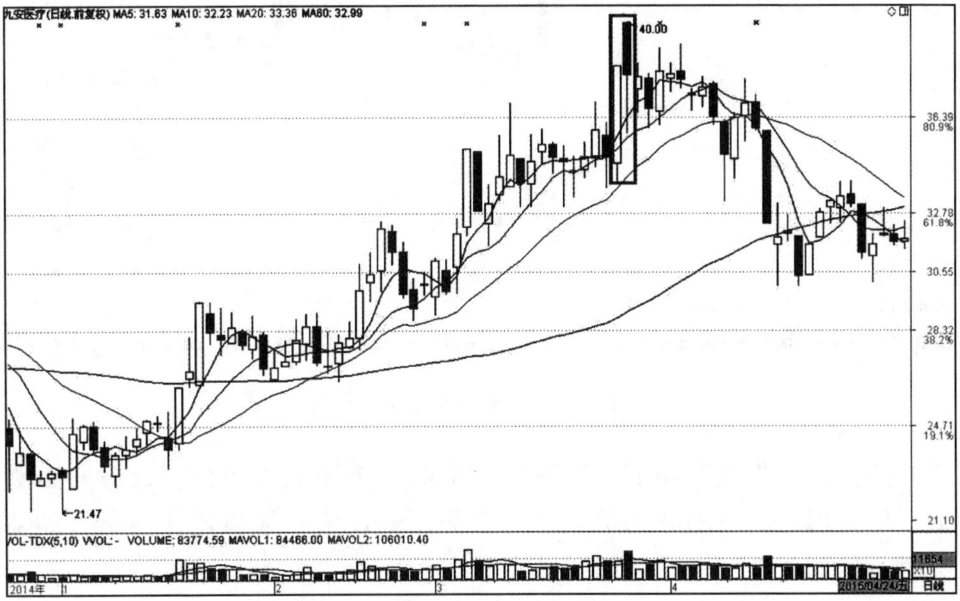

图1-3　高位高开阴线下插阳线

高位高开阴线下插阳线是强烈的卖出信号，一旦出现，应果断离场。高位高开阴线下插阳线出现的频率很高，在许多高价点位上都能见到这一图形。投资者应对这一线形引起高度重视，凡在高位出现乌云，第二天又继续收阴时，应坚决卖出股票，等待回调。

2. 低位高开阴线下插阳线

在股价下跌过程中，价格反弹上升，出现一根阳线，随后出现一根向上跳空开盘并在前阳线实体内收盘的阴线，称之为低位高开阴线下插阳线。这是股价将要加速下跌的先兆，投资者应及时卖出（如图1-4）。

图1-4 低位高开阴线下插阳线

低位高开阴线下插阳线是下降途中的一个明显卖出信号，应卖出股票。但卖出后，应随时跟踪该股的走势，若在某一天出现跌不下去的情况时，应如数补回，等待反弹。

卖赚宝典

高位高开阴线下插阳线及下降途中的高开阴线下插阳线，都是比较强烈的卖出信号。当出现这两个信号时，投资者应坚决卖出股票，不能有丝毫的犹豫。尤其是下降途中的高开阴线下插阳线，更具危险性，因为它处在较低的位置，容易被忽视，极易导致深套。对待下降途中的高开阴线下插阳线，投资者要果断卖出，不能抱有任何幻想，以免失去逃跑的机会。

信号003　顶部上吊线

顶部上吊线是指出现在上升趋势末端，下影线很长，上影线很短或不存在，实体很小，近似于“T”字形的K线。顶部上吊线表示收盘价已回升乏力，难以收至开盘价位的水平，股价见顶回落的可能性较高。

顶部上吊线实体无论是阳线还是阴线，效果都是一样的，都是股价见顶的一种卖出信号（如图1-5）。

实战中，顶部上吊线下影线越长，超过实体部分两倍以上，则见顶

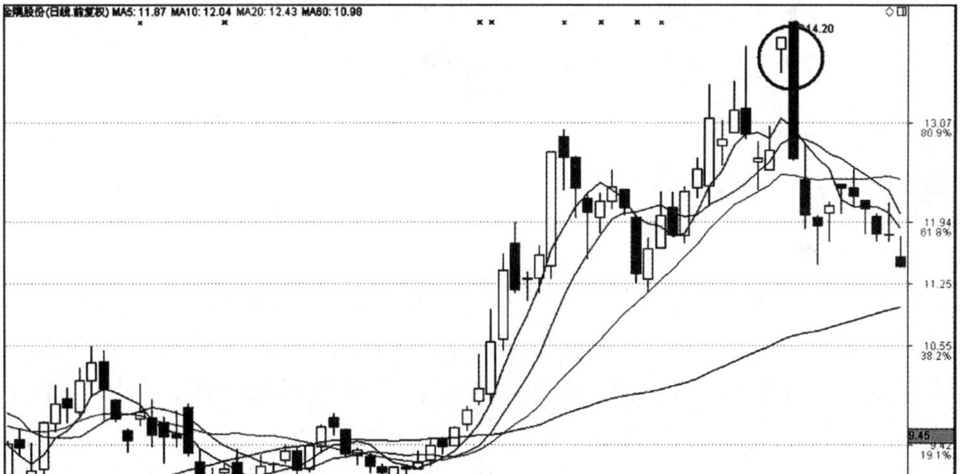

图1-5　顶部上吊线

的可能性越大。因为该形 态是根据一根K线来进行研判，所以顶部上吊线为次要的转势信号，实战中要结合缺口与下一个交易日的走势进行综合研判。

如果上吊线实体部分与前一根K线形成跳空缺口，则说明有很多跟风盘介入，买盘压力较大，股价上升将会遇到较大的阻力，此时可以确认空头力量较强。

若上吊线出现后的第二根K线为阴线，阴线开盘价低于首日阳线收盘价，或阴线收盘价低于首日阳线的开盘价，此时可以确认卖出信号。阴线的长度越长，新一轮跌势开始的概率就越大。

卖赚宝典

顶部上吊线的图形与探底锤子线形态如出一辙，但后者是低档买入信号，前者是高档卖出信号。这个线形可以代表多头或空头，完全取决于它在趋势中的位置。如果发生在下降趋势中的低档，属于多头的锤子线；如果发生在上升趋势中的高档，则是空头的上吊线。

信号004 下降三法

在股价下降途中，出现一根大阴线后，接着连续出现三根小阳线，但三根阳线的总升幅没有超过前面大阴线的幅值。第四天出现一根大阴线，股价创出新低。这种形态的K线组合，称为下降三法，是继续下跌的信号，投资者应卖出股票（如图1-6）。

下降三法被认为是下降趋势的修整。与上升三法一样，第一个白色实体的出现，使得空头开始紧张起来。当他们看到多头势力没有足够力量进一步抬升价格，空头重新恢复了信心并开始卖出。第一个白色实体的出现，使得投资者对空头阵营产生了疑问，第二天也是同样的情形。至第三天，空头开始确信多头势力没有足够的力量来进一步使得价格上升。因此空头重新恢复了他们的信心并开始发力。

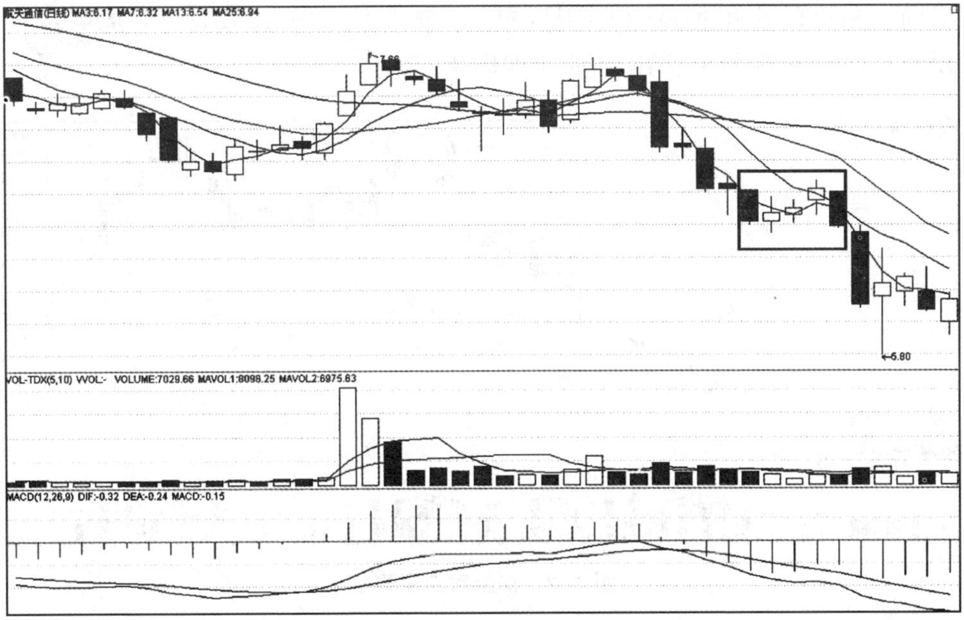

图 1-6　下降三法

下降三法的卖出原理较好理解。第一根阴线表示价格大幅下跌，随后在该线下跌范围之内，连续形成三根小阳线。这三根小阳线升幅较小，说明买方实力很弱，终究顶不住卖方的进攻，结果出现了另外一根大阴线，确认了下降趋势形成。

卖赚宝典

下降三法是非常可信的继续做空信号，投资者应及时卖出股票，减少深套损失。

信号005　向上跳空星形线

向上跳空星形线由一根较长的大阳线和一根向上跳空且有缺口的星形线组成。指股价经过一段涨升后，一日出现一根大阳线，随后走出一根向上跳空的小星形线（阴阳皆可），称为向上跳空星形线。该线多在顶部出现，是强烈的卖出信号（如图 1-7）。

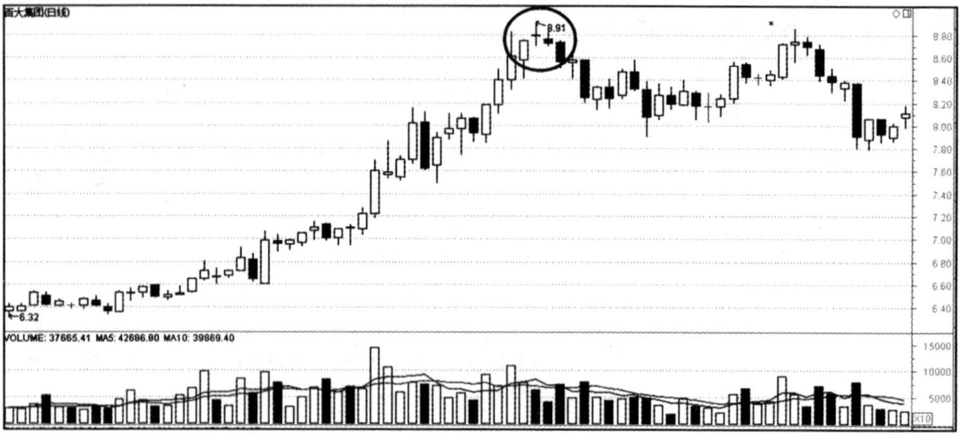

图 1-7 向上跳空星形线

向上跳空星形线具有以下三个特征。

（1）一般出现在股价上升趋势中的较高位置，即向上跳空星形线出现前，该股应有不低于 10%的升幅。

（2）向上跳空星形线的第一根 K 线必须是一根大阳线，且大阳线当日的升幅至少在 2%以上。

（3）向上跳空星形线的第二根星形线与第一根大阳线要有明显的向上跳空缺口。没有缺口的星形线，不能称为向上跳空星形线。

向上跳空星形线是一种弱势线，表明股价上升到高位后，做多意愿减弱。星形线的出现，显示为反转信号。第二天若收阴线，就可确认股价到顶，应卖出股票。

在实际操作中，投资者一旦发现股价向上跳空高开，同时出现较大成交量，股价先是急涨，然后开始下行的走势时，就可认定要形成向上跳空星形线。

向上跳空星形线一旦在上升趋势中的高位形成，便是股价即将见顶的征兆，预示股价上升趋势结束，下跌趋势来临。投资者应在星形线出现的当日及时卖出获利股票，以免高位套牢。为了能顺利卖出，报价应低于市价 1~2 个价位。获利丰厚的投资者，还可挂出更低的卖出价格。

有时出现向上跳空星形线之后，股价还会短暂反弹，但随即就会下跌。在星形线出现当日没来得及卖出股票的投资者，应在出现向上跳空星形线后股价反弹时果断卖出。若失去这次卖出机会，就会使到手的盈利至少损失 10%以上。投资者应格外珍惜这一可贵的卖出机会，不能存有等待反弹的思想。

卖赚宝典

出现向上跳空星形线后，股价下跌的幅度一般会达到前期升幅的 80%甚至 100%，即跌回到原起涨点价位。股价跌回到原起涨点价位后，先前卖出的投资者，此时可酌情抄底抢反弹，但不宜重仓介入，只能做试探性买入。因为股价跌回到原位后，并不意味着就不再下跌了，有时股价仅在原位虚晃一枪，就会破位下行。若是重仓介入，即使及时进行了止损，但损失仍旧难以挽回。

信号006 顶部长上影线小 K 线

顶部长上影线小 K 线是一根带长上影线的 K 线，又称为倒锤头，一般位于股价顶部，是一个十分明显的见顶信号。

当股价一直向上攀升，达到一个相对较高的位置时，庄家往往会在顶部做一次加速向上的突破拉升。但收盘时，股价会回落至原位，这时就会在顶部出现一根带长上影线的 K 线。这根 K 线的实体可以是一根阳线，也可以是一根阴线。一般来说，一旦某只个股出现顶部长上影线小 K 线，投资者要尽快逃命（如图 1-8）。

顶部长上影线小 K 线的主要特征如下。

（1）此前存在一个明显的上升趋势。

（2）K 线实体很小，阴线、阳线均可。

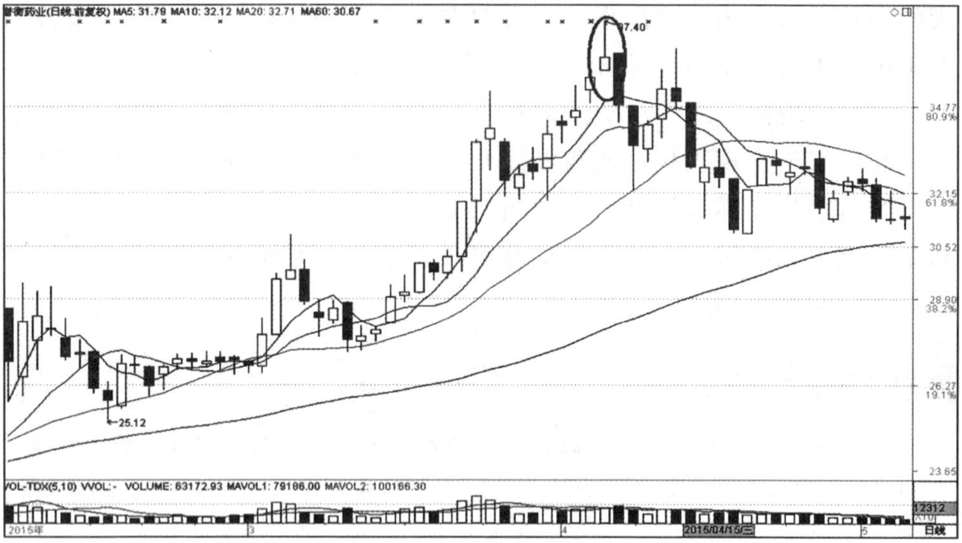

图 1-8　顶部长上影线小 K 线

（3）上影线的长度至少是实体长度的两倍，若有下影线，下影线也很短。

（4）顶部长上影线小 K 线形态如果出现在高位，行情下跌的可能性较大。

顶部长上影线小 K 线的市场意义如下。

（1）顶部长上影线小 K 线这个形态主要是能够有效地指导投资者成功地逃顶，或者逢高止损，以免越套越深。

（2）某只个股出现顶部长上影线小 K 线当天的高点，一般是阶段性高点。之后相当长的一段时间内，将难以再见此价位。

（3）形成顶部长上影线小 K 线的主要原因是这类个股创了新高之后，就走出了一波比一波低的调整形态。

顶部长上影线小 K 线的操作策略有两点。

（1）技术上来讲，在一轮升势后出现顶部长上影线小 K 线，表示市势已经失去了上升的持久力，多方抵抗不住空方打击，股价随时可能见顶回落，因此在股价大幅上扬后，投资者见到顶部长上影线小 K 线，应退出观望为宜。

（2）对于顶部长上影线小 K 线类个股，大家不应犹豫，而应坚决出货，否则日后会被越套越深，难以解救。

卖赚宝典

阴线顶部出现长上影线小 K 线，转势的可能性往往要比阳线顶部的长上影线小 K 线高。典型的顶部长上影线小 K 线要求出现“⊥”形当日以缺口形式向上跳空高开，但这仅是理想的 K 线组合，实战中并无强制要求。

顶部长上影线小 K 线为次要转势信号，在实战中要结合趋势与下一个交易日的涨跌进行综合研判。顶部长上影线小 K 线出现在上升趋势末端，才具有看跌的意义；顶部出现长上影线小 K 线后，如果次日股价向下跳空或者收出一根阴线，其转势向下的信号比较强。

信号007　顶部三星线

股价经过一段涨升后，常常在高位连续出现三根星形线（阴阳不分）或三根十字星，随后出现一根大阴线，我们将这种 K 线组合称为顶部三星线（如图 1-9）。

卖赚宝典

顶部三星线是强烈的卖出信号，投资者应及时卖出股票。需要注意的是，三根星形线除了出现在顶部外，还时常出现在上升途中。三根星形线代表蓄势整理，如果出现在上升途中，该股不久就会重拾升势，投资者不但不能卖出，还应加码买进。

关键的问题是，如何判断三根星形线是处在上升中途还是顶部。若在一轮升势中的第一波和第三波中出现，多为中途蓄势。若在第五波中出现，则多数为顶部。

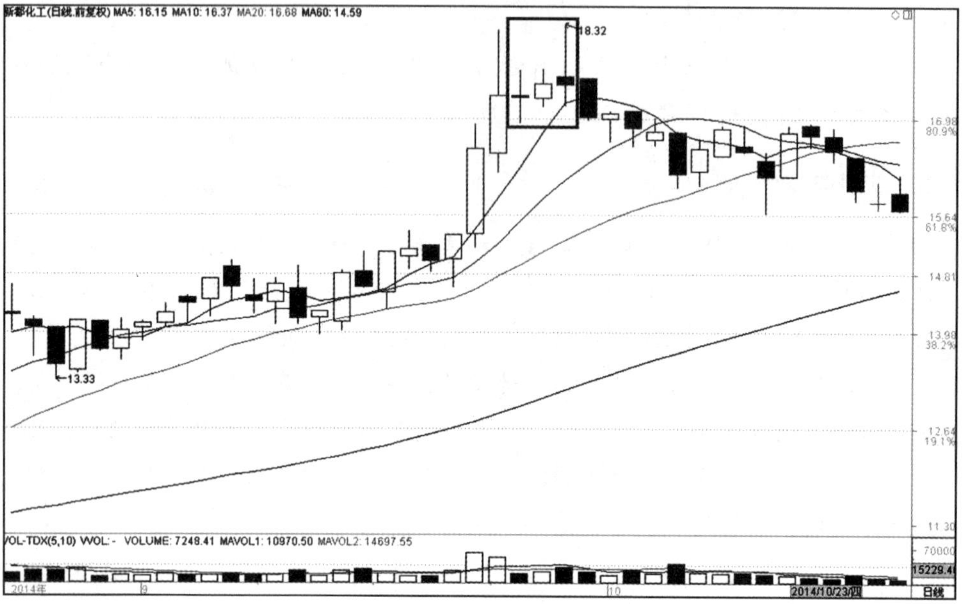

图 1–9　顶部三星线

信号008　下跌三颗星

下跌三颗星是典型的卖出信号。下跌三颗星由一大三小四根 K 线组成，具体是在股价下跌行情的初期或中期，先出现一根大阴线或中阴线，随后在大阴线或中阴线下面连续出现三根小 K 线，K 线可阴可阳，也可以是十字星，股价上下波动很小，这就构成了下跌三颗星（如图1–10）。

在下跌初期出现下跌三颗星，表明市场仍处于弱市，买卖意愿不强，股价仍有继续下探的空间，投资者应离场为宜。如果在下跌中期出现下跌三颗星，继续看跌。如果三颗星均呈跳空下降形态，则显示行情非常糟糕。投资者见此 K 线组合，应做好离场准备。

图 1-10　下跌三颗星

卖赚宝典

操作下跌三颗星时，一定要记住下面这两句话。

在下跌初期出现下跌三颗星，如果有其他的复合K线转势信号出现，投资者先走为宜。在下跌途中出现下跌三颗星，不要误认为股价将会见底回升，实际上下跌的空间仍很大，投资者不要再犹豫，“割肉”离场是最好的选择。

如果把握住了下跌初期的离场机会，就没必要去分析下跌途中三颗星存在的意义了。

信号009　十字星孕线

十字星孕线由一根大阳线和一根十字星组成，并且这根十字星完全包含在前一日大阳线实体之中。这种形态又称做十字胎。

此形态代表买盘力道减弱，行情即将回软，价格下跌（如图 1–11）。

十字星孕线可以出现在股市的任何趋势中。

如果出现在升势市场中，预示目前市场继续推高股价的力量已经减弱，多头行情接近尾声，继之而来的很可能是下跌行情。

图 1–11　十字星孕线

如果出现在下跌市场中，则预示着目前市场下跌势头已经趋缓，继续下跌的空间已很小，或者股价有可能见底回升。

十字星孕线被视为一种警告或提示信号，又称为准市场逆转信号。在上涨趋势中出现十字星孕线，是卖出的信号，投资者可以抛出获利筹码。在下跌趋势中出现，可以抛出获利筹码。在下跌趋势末期出现十字星孕线是买进的信号，投资者可以适当建仓，抓住反弹机会获利。

卖赚宝典

在一个空头力量十分强大的市场中，下跌时出现十字星孕线，股价也不会马上见底，仍会继续下滑，反之，在一个强劲的多头市场中，上升时出现十字星孕线，股价并不会马上见顶，仍会继续上涨。这就是人们通常所说的“涨要涨过头，跌要跌过头”。

在极强或极弱的市场或个股中见到十字星孕线后，投资者不要马上做出买进卖出的决定，可继续留心观察，并结合其他转势信号进行综合分析，然后再做决定。

信号010　高位连阳星线

高位连阳星线由三至五根连续阳线和一根十字星组成。其中阳线的实体较长，股价拉升的总体幅度超过10%。十字星线应位于几根阳线的后面（如图1-12）。

高位连阳星线一般出现在股市涨升行情里。连续出现几根阳线，表明多头势力强大。但是由于连续多日上涨，多头累计升幅已经很大，手中的获利筹码盈利已经很丰厚了，此时技术指标必然会出现超买现象。

获利回吐必然会抑制股价上行。十字星或星形线的出现，就是卖盘大量涌出的结果。连阳星线的出现，预示多头行情将转向空头行情。

连阳星线是见顶信号，以下部位出现该形态时，投资者应卖出股票。

（1）若出现在牛市行情上升第一波，股价下跌一段之后，还会反弹甚至超过原位。投资者此时可以在下跌之前清仓，以减少套牢的风险。待股价回调到位后再补仓，之后逢高减磅，进行波段操作，赚取其中的差价。

（2）若出现在牛市行情的上升第三和第五波中，表明股价已上涨无力，此时投资者不应再抱有任何希望，及时卖出离场是上策。

图 1-12 高位连阳星线

卖赚宝典

高位连阳星线在股价上升途中的第一、第三、第五上升波中均能见到。若在上升第一波和上升第三波中出现，投资者可持股等待。若在第五上升波中出现，投资者应坚决出货。

信号011 连续递涨三大阳线

股价经过一段涨升后，突然连续出现三根大阳线。由于股价升得过急过快，场内获利幅度较大，股价将会回调整理。因此连续递涨三大阳线是明显的见顶信号，投资者应落袋为安（如图 1-13）。

连续递涨三大阳线的形成过程如下。

股价经过反复振荡，不久连续攀升。达到一定高位时，场内庄家就

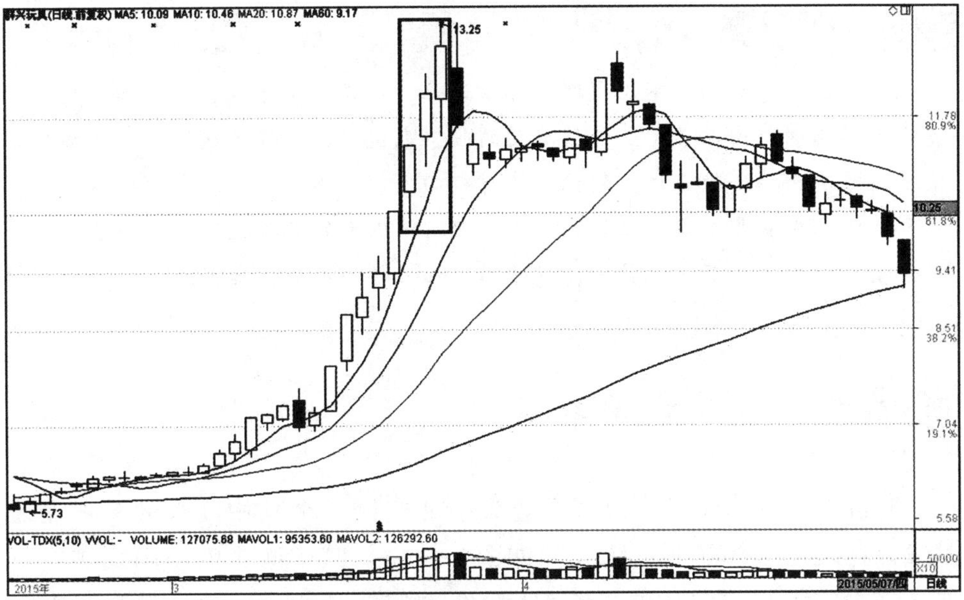

图 1-13　连续递涨三大阳线

会考虑离场。但是，庄家为了引人注意并引诱投资者跟风，会忽然放量将股价拉高，这时日 K 线收出了第一根大阳线。

由于第一天股价涨幅较大，往往位居升幅前列，所以立刻引起很多人关注。当股价第二日继续以大阳线报收之后，那些还在犹豫的跟风客开始后悔未能及时跟进，于是第三天开盘后股价继续上冲之时，就会吸引众多跟风盘进场吸纳，然而从盘中却可以看出有大手笔抛单出现，所以成交量特别巨大。

当日股价上下起伏，振荡剧烈，盘中股价升幅并不大，尾市却被刻意推高，形成连续第三根大阳线，给人以股价仍然维持强势的错觉。但是从第四天开始，随着获利盘的不断涌现，股价一蹶不振。

当庄家将手中的筹码陆续派发完毕，股价从此陷入了长期低迷。

卖赚宝典

连续递涨三大阳线不论出现在什么部位，均是卖出信号，股价回调整理是毫无疑问的。但对于刚从低位启动的股票来说，若按连续递涨三大阳线的卖出信号卖出后，应在调整到位时及时补回，以免踏空。

对于已经涨升多日且在第五上升波中连续出现的三根大阳线，投资者应坚决卖出，而且随后不能补回，以防止小幅反弹后在高位套牢。

信号012 顶部转弱三阳线

股价涨升到高位后，出现了两头小（实体短小）中间大的三根连续阳线，称之为顶部转弱三阳线（如图 1-14）。其中两头的小阳线实体不能超过中间大阳线实体的 1/4，小阳线的实体越小，有效性越高；中间大阳线的实体不得小于该股市价的 3%，越大越好。

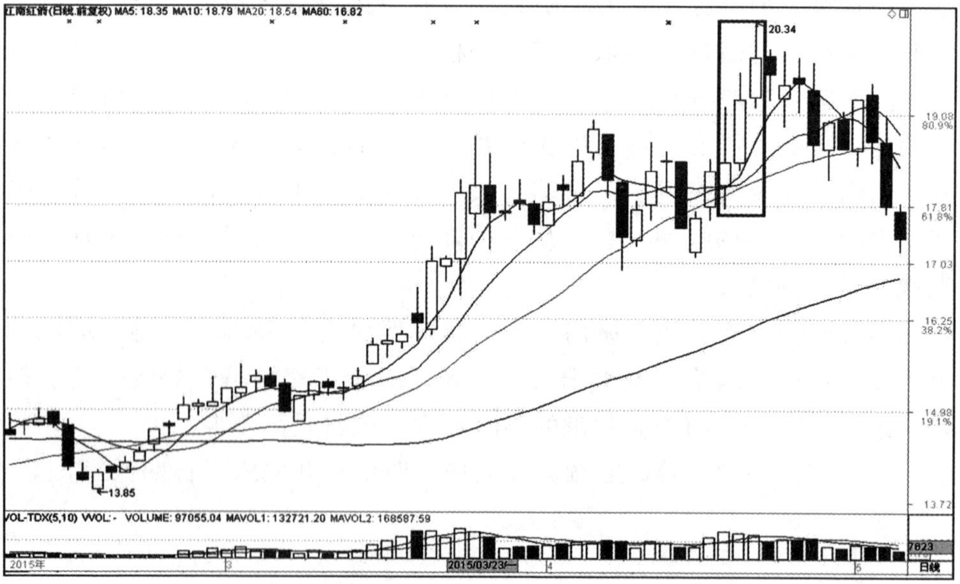

图 1-14　顶部转弱三阳线

两头小阳线与中间大阳线的组合比较自由，只要小阳线不成为大阳线的抱线或中线就行。通常把这种形态看作是顶部三阳线（红三兵）的特殊形态。

顶部转弱三阳线多数出现在高位，第一根小阳线由空头买入所致，第二根大阳线表明多头力量增强，股价快速上升。随后的一根星阳线表示行情超买，上涨无力，获利回吐的压力增加，市场将要进行调整，投资者应卖出股票。

具体分析如下。

（1）顶部转弱三阳线可能出现在任何位置，但只有在顶部出现时，才是可靠的卖出信号，投资者应坚决卖出股票。

（2）顶部转弱三阳线的最佳卖出时间是第三根阳线出现当日。第三根阳线的形态多为长上影或长下影小阳线，而且长上影线又多于长下影线。在操作中，投资者就应注意第三根阳线的走势，一旦发现将要出现长上影线的迹象时，就应及时卖出股票，一般可多获得1~2个百分点的收益。

卖赚宝典

顶部转弱三阳线出现在高位时，是卖出信号；出现在低位或上升途中，多显示买入信号，投资者可以跟进加仓，最好在股价回调时加仓。在个别情况下，顶部转弱三阳线在高位出现后，股价还会出现不降反升的走势，但这一涨势有可能出现，也有可能不出现，说不定这是庄家挖好的陷阱，投资者应坚决放弃，决不能贪图最后的一段涨幅。

信号013　跳空高开顺延双阴线

股价上升到高位后，出现一根大阳线，随后出现一根向上跳空的小阴线，第三天出现一根顺延大阴线。将这样三根K线组成的图形，称为跳空高开顺延双阴线，是大阳向上跳空双阴线的变形。

跳空高开顺延双阴线是强烈的卖出信号，股价随之会惯性地继续下跌。

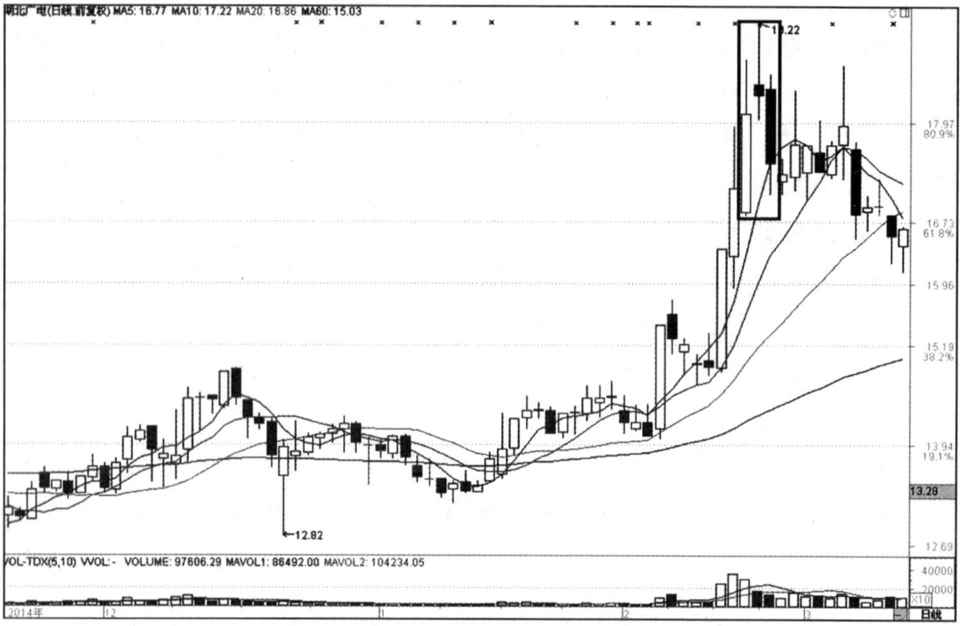

图 1-15　跳空高开顺延双阴线

跳空高开顺延双阴线的主要特征如下。

（1）第一天的 K 线为阳线，是前期上涨趋势的延续。

（2）第二天高开低走收出阴线，真实实体为黑色，从而缩小了与第一天的缺口，但并未完全回补缺口。

（3）第三天的开盘价位于第二天的小阴线实体之内，而收盘价位于第一天的阳线实体之内，这样就使得缺口得以回补。

在上涨趋势中出现跳空高开顺延双阴线，表明买方力量消失。在一个强上涨的趋势发生之后，市场行情强烈看涨。连续两个高开低走的阴线，表明多头力量不足，因此第三天的价格开盘后往下走，并收盘于第一天的阳线实体之内，使得与第一天上涨的阳线缺口得以迅速回补。第三天价格下跌得越多，则表明市场行情走势越弱。

卖赚宝典

跳空高开顺延双阴线的顶部特征十分明显，与大阳向上跳空双阴线性质一样，是强烈的卖出信号，投资者应果断卖出股票。

信号014　大阳向上跳空双阴线

股价急剧上升后，形成一根大阳线，第二天向上跳空收出一根小阴线。第三天再次高开低走，收出一根阴线。将这种K线组合称为大阳向上跳空双阴线。

该图形有明显的顶部特征，投资者应卖出股票。

卖赚宝典

大阳向上跳空双阴线虽然价格仍然上升，但以最低价格收盘，未能进一步攀高。到第三天的时候，由于买方力量作用，价格继续上升，但最终还是以低于前一个交易日的最低价收市，说明多数人对后市看淡，股价将进一步下跌。可见大阳向上跳空双阴线是见顶信号，投资者应卖出股票。

信号015　顶部递接三阴线

顶部递接三阴线是由三根收盘价与开盘价首尾相接的阴线组成的K线图形（如图1-16）。

顶部递接三阴线可出现在任何位置，处在高位和下降途中的顶部递接三阴线，显示卖出信号，投资者应卖出股票。

具体操作时应注意以下两点。

（1）处在高位的顶部递接三阴线很少在转势的峰顶部位出现，多数在行情转势三五天后才出现。

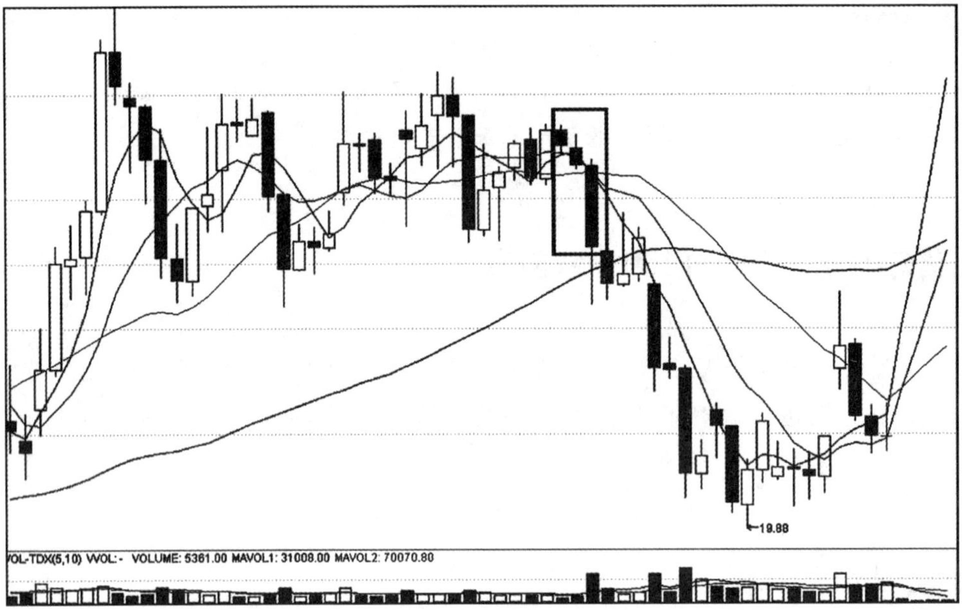

图 1-16 顶部递接三阴线

（2）出现在下降途中的顶部递接三阴线，与处在高位的顶部递接三阴线有时较难区分，因为处在高位的顶部递接三阴线，其实也是处在下降途中。不过这两种顶部递接三阴线都是卖出信号，区分不清也不要紧，出现顶部递接三阴线后，投资者及时卖出就是了。

卖赚宝典

顶部递接三阴线与顶部下影三阴线的性质一样，均是弱势特征，预示后市将要暴跌。上述两种K线组合，既可在高位出现，也在下跌途中出现，无论处在什么位置，后市总会出现一段下降行情，投资者应果断卖出。

信号016 顶部凸形三阴线

顶部凸形三阴线又称顶部黑三鸦，是由呈山字形的三根阴线组成的

K 线图形（如图 1-17）。顶部凸形三阴线的见顶迹象十分明显，是一个强烈的卖出信号。

顶部凸形三阴线的形成过程如下。

第一天，股价上升到高位后，收出一根阴线，一般为中阴线或大阴线。

第二天，股价大幅向上跳空高开，随后下行，收出一根与前一阴线实体大体相当的阴线。

第三天，继续收一根下降的阴线，收盘价收在第一根阴线的中心值以下，有的甚至低于第一根阴线的收盘价。

图 1-17　顶部凸形三阴线

顶部凸形三阴线多数出现在股价的天顶部位和波峰高位，是强烈的见顶信号，应卖出股票。

顶部黑三鸦的操作策略有以下两点。

（1）在判断是否为顶部黑三鸦形态时，不要过分强调是否标准，只要类似就行。

（2）顶部黑三鸦的最佳卖出时机就是该形态出现的当天。

卖赚宝典

在低位出现黑三鸦，投资者一般可不理会。虽然此处的黑三鸦显示的是见底信号，但不可盲信，不能随便做多，不然就有可能走进套子里。

对于处在低位的黑三鸦，最好的办法就是不闻不问，静观其变，直到出现确凿可信的见底信号时，再考虑介入。

信号017 低档盘整线

低档盘整线出现在股价下跌行情中，由下跌途中的一根长阴线和低位盘整的小阴小阳线以及跳空低开的长阴线组成（如图1-18）。当股价

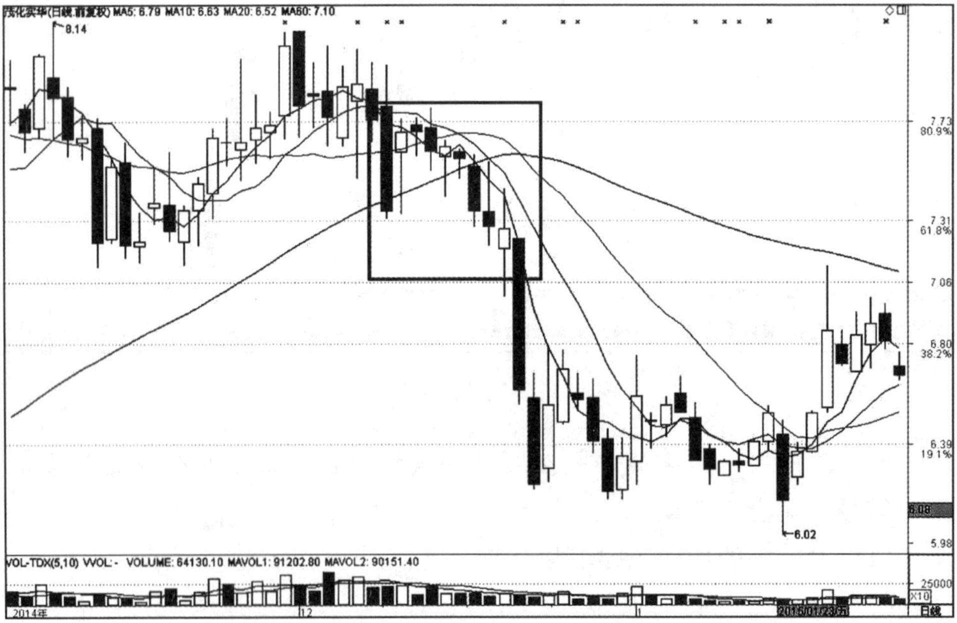

图1-18 低档盘整线

下跌一段时间后，某天收出一根低开的长 阴线，股价转入横向窄幅整理，若在低档盘整 7~14 天不见上涨，反而出现了向下跳空的阴线，这是股价将要暴跌的前兆。也就是说，前一段的横盘只不过是中期盘整罢了，股价将会继续下调。

投资者可以从以下几个方面判断低档盘整线形态。

（1）低档盘整线出现在股价下跌趋势中。

（2）股价进行低位盘整时的 K 线为小阴小阳线，时间大约在 6 日至 11 日之间。

（3）持续盘整一段时间之后，某一天出现一根跳空下跌的阴线，将前一阶段横向整理的格局打破。

股价在低档横盘整理，这是多空双方斗争激烈、互不相让的表现。一旦市场出现不利多方的消息，空方就会趁机而入，使股价跳空向下，结束低档盘整局面，进入新一轮下跌行情。

股价在下跌行情中进入低档盘整状态，一旦股价盘整不稳，就会进入下一轮跌势中。遇见此形态，投资者不要对股价再抱反弹的希望了。

低档盘整线是卖出信号，在股价低位盘旋时，投资者可以卖出离场；或者下跌时及时止损离场，千万不可再对它流连忘返，到套牢的时候，后悔也来不及了。此时止损出局，投资者可以在股价跌到更低位时重新买进抢反弹。

卖赚宝典

低档盘整线是一个卖出信号，对这种容易出现久盘必跌的 K 线图形，投资者应随时提高警惕。股价在低档盘整 7~14 天后不见上涨，下跌的可能性就会增加。这反映了久盘必跌的股市运行规律，投资者应根据这一特点及时卖出股票。

信号018 涨势尽头线

涨势尽头线由两根一大一小的K线组成。尽头线既可出现在涨势中，也可出现在跌势中，根据所处的趋势不同，把尽头线分成上涨尽头线和下跌尽头线。

出现在涨势中的尽头线叫做涨势尽头线。涨势尽头线的第一根K线是一根带有上影线的大阳线或中阳线。第二根K线是小十字星或小阳小阴线，且第二根K线依附在第一根K线的上影线之内（如图1-19）。

出现在跌势中的尽头线叫做跌势尽头线。跌势尽头线的第一根K线是带有下影线的大阴线或中阴线。第二根K线为小十字星或小阳小阴线，且第二根K线依附在第一根K线的下影线之内。

图 1-19 尽头线

涨势尽头线的主要特征如下。

（1）在高价区出现。

（2）由两根 K 线组成。

（3）第一根 K 线为中阳线或大阳线，带有上影线，下影线可有可无。

（4）第二根 K 线为十字星，涵盖在第一根阳线上影线范围内，十字星也可以是小阴小阳线，注意上下影线不一定被包容。

（5）涨势尽头线的出现，预示着股价将要下跌，出局为上。

在上升趋势中，股价冲高拉出一根带长上影线的长阳线，一般都认为这个趋势会进行下去。但次日在长阳线的上影线右上方，出现了一根完全涵盖在上影线范围内的短十字星或小阴小阳线，表明多头势力减弱，股价已失去上升的动力，预示股价要下跌。

反之，在下跌趋势中，股价大幅下跌，收出一根带长下影线的大阴线，一般都会认为下跌趋势将继续。但次日在长阴线的下影线右下方出现了一根完全涵盖在下影线范围内的短十字或小阴小阳线，表明多头势力增强，股价已经见底，将要反弹。

尽头线是转势信号，出现在涨势中是见顶卖出信号，预示股价要下跌，这时投资者要考虑清仓离场。出现在跌势中，是见底信号，预示股价将要上涨，这时投资者要考虑逢低买进，在股价反弹时逢高减磅，赚取短线利润。尽头线的上影线或下影线的右方，带着的 K 线越小，如小十字星，则信号越强。

在上涨途中如果出现尽头线，说明上升动力不足，如果有成交量急剧放大或者涵盖在上影线内的 K 线，为顶部长上影线小 K 线，随后下跌的可能性在 90% 以上。

卖赚宝典

需要注意的是，在股市中，标准的尽头线出现概率并不高，大多都是不太标准的尽头线。如果第二根 K 线是长十字星，只要它的实体较短，且完全被第一根 K 线的上影线完全包容，也可以看作是尽头线。

只要是尽头线，不管形态是否标准，都并不影响它发出的股价转势信号，对投资者都有相当大的参考价值，投资者要密切加以关注。

在涨势中出现尽头线，要进行减仓操作，并随时做好退场准备。在跌势中出现尽头线，不要盲目看空，可在股价回升时适时考虑做多。

信号019 挽袖线

挽袖线是由一阴一阳两根K线组成的图形。根据阴阳线出现的顺序不同，又可以分为两种形态。

第一种形态是阴线在前，阳线在后，且阳线在阴线的实体内开盘，在阴线的最高价之上收盘。

第二种形态是阳线在前，阴线在后，且阴线在阳线的实体内开盘，在阳线的最低价之下收盘（如图1-20）。

图1-20 挽袖线

挽袖线可在K线图中任何位置出现，处在高位（包括大天顶高位和上升行情的波段峰顶高位）和下降途中的挽袖线，均为卖出信号，投资者应远离股市。但在波段顶部卖出股票后，须时时关注后市走势，一旦调整到位，应及时买回，迎接下一波升势。

卖赚宝典

下降途中的挽袖线，是强烈的卖出信号。特别是向下跳空挽袖线和连续挽袖线，更是大暴跌的前兆，应果断卖出股票。投资者应该注意的是，形成挽袖线的两根K线，实体长度要大体相当。如果长度相差悬殊，信号就不太准确。

有时个别股票挽袖线在高位发出卖出信号后，股价并没有下跌，反而继续上涨，这也属于正常情况。因为有的庄家想在更高的价位出货，有意把股价往上拉，或者在拉升的过程中出货。卖出股票的投资者，此时不要因为股价上扬而再次跟进，后半截的这一升幅多半是陷阱。

信号020　高位孕育线

孕育线是有一根长阴线和中阳线或一根长阳线和中阴线组成的K线图形。

股价在高位出现一根大K线，随后出现一根小K线，小K线的最高价和最低价均未超出前一根K线的范围（如图1-21）。

该K线分阴孕阳、阳孕阴、阳孕阳、阴孕阴、星孕线等形态，并且均是强烈的卖出信号。

孕育线的主要特征如下。

（1）在本形态长实体之前一定有相当明确的趋势。

（2）长实体之后是小实体，小实体被完全包含在长实体的实体区域之内。

（3）第一天的长实体颜色反映市场的趋势方向。

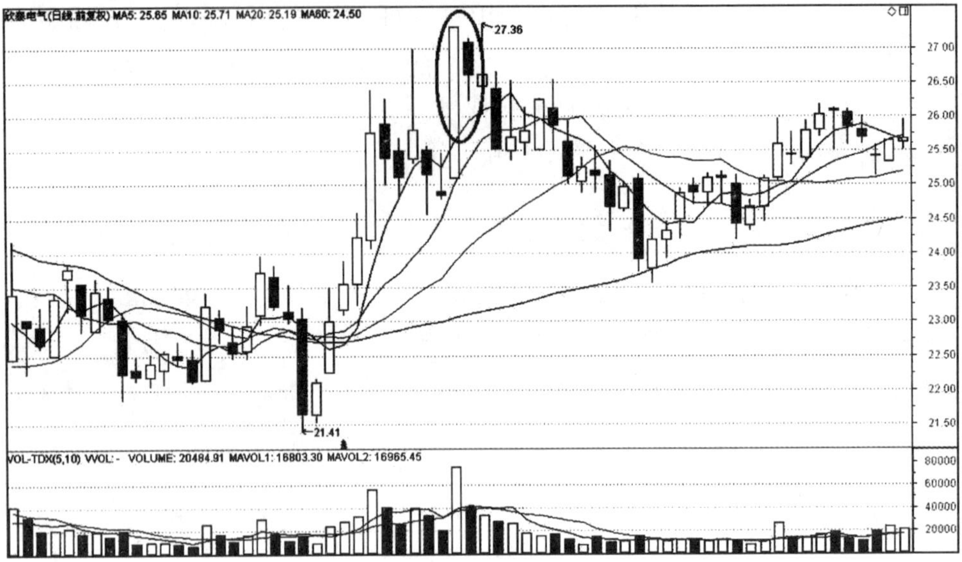

图 1-21 孕育线

（4）第二天小实体的颜色并不重要。

孕育线有一个突出的特点：后一根 K 线的最高价与最低价，均未超过前一根 K 线的最高价与最低价，看上去就像是长 K 线怀中的胎儿，故该形态又称身怀六甲形态。该形态的出现，一般预示着市场上升或下跌的力量已趋衰竭，随之而来的很可能就是股价转势。

孕育线的操作技巧如下。

（1）阴孕育线一般出现在下跌行情中，股价持续下跌，后市疲弱，行情极坏。长阴线可以看出当日股价从开盘到收盘一直下滑。次日多方开始发动进攻，虽然收盘价没有创出新高，但是可以看出多方正在养精蓄锐，准备反攻，由此可见阴孕育线预示着股价下跌行情即将结束，股市将迎来一轮上升行情。

（2）阳孕育线一般出现在上涨行情中。股价持续上涨，多方奋力拉升股价，拉出大阳线，可以看出多方的进攻。但由于获利回吐盘涌出，因此多方已力不从心，空方还有相当大的势力。次日拉出的中阴线，可以看出空方的决心。阳孕育线的出现，预示着股价上升行情结束，股市将迎来新一轮下跌行情。

（3）孕育线出现在上升趋势的顶部，预示着市场上升力量枯竭，因此是卖出信号。出现在下跌趋势中，预示着下跌力量枯竭，因此是买进信号。若在下跌行情中发现阴孕育线，应该逢低买进，等股价上升之后卖出获利。在上涨行情中发现阳孕育线，应该及时卖出止损。

（4）孕育线可以在K线图中不同的部位出现，投资者应区别其位置，灵活操作。不能将上升途中的孕线（属于买入信号），当作顶部孕线卖出，也不能把顶部孕线或下降途中的孕线当上升信号，持股不抛。要准确判断是上升途中的孕线还是顶部孕线，须对该股前后走势进行综合分析，待判断基本无误后，再做买卖决策，避免操作上的失误。

卖赚宝典

（1）孕育线形态构成的反转信号是次要信号。也就是说，在该形态出现后，要有一个确认的过程。投资者最好结合形态出现后第二天的股价走势，来作出正确的判断和操作。

（2）当出现孕育线时，投资者要密切关注孕育线出现时成交量的变化。如果股价放量之后又大幅度萎缩，则市场趋势改变的可能性较大。

（3）在上涨行情中出现孕育线，投资者要设立一个止损位。

信号021　高位待入线

股价涨升到高位后，一日收出一根大阴线。第二天在阴线底部附近开盘，收一根小阳线，收盘价与前一根阴线的收盘价同值或接近，但不能进入到阴线实体内，形成待入状态，这种形态就是高位待入线。该线预示股价已经到了顶部，后市将以向下调整为主（如图1-22）。

在待入线形态中，前大阴线与后小阳线之间的缺口，主要是指两根K线实体之间形成的缺口（称为半缺口），上下影线之间有无缺口无关紧要。

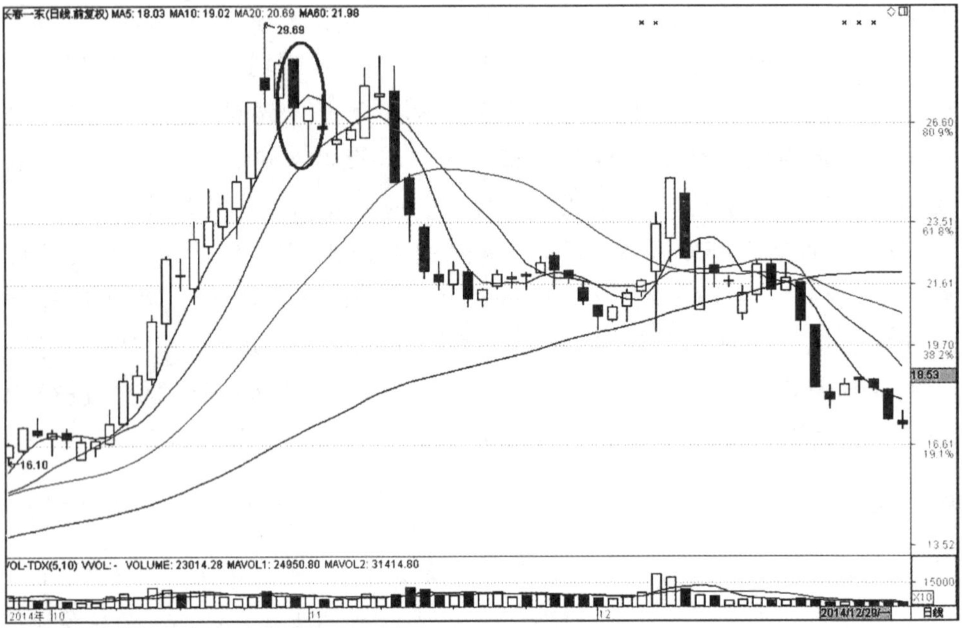

图 1-22 高位待入线

待入线出现的频率很高，但只有处在高位和低位的待入线才有研究价值。待入线是判断行情走势的重要信号之一，处在高位的待入线，多显示见顶信号，应卖出股票；处在低位的待入线，多显示见底信号，可考虑做多。依此可归纳为：处在高位—见顶—卖出；处在低位—见底—考虑买入。

对于待入线，首先要认真辨别该形态所处的位置。只有把位置判断准确了，才能正确判断后市行情走势。

判断待入线位置的高低，一般可以用该股股价涨跌幅度作依据。比如，前期股价从低位上升，累计上涨了20%以上，此时出现待入线，可以认定为处在高位，应按高位待入线的操作方法迅速卖出股票。

同理，如果前期股价从高位向下跌落，下跌幅度超过20%后出现待入线，可视为低位待入线，投资者可放心做多。

在个别情况下，前期股价涨跌幅度不足20%，此时出现待入线，也可考虑按高位或低位待入线进行操作。这种情况多出现在大市行情调整期间。投资者除了机械地运用20%的判断依据外，还要灵活掌握股价涨跌的高低幅度。

卖赚宝典

高位待入线是弱势线，确认顶部形成，投资者应果断卖出。

信号022　高位切入线

切入线由一根长阴线和一根小阳线组成。小阳线位于阴线之后，且小阳线的收盘价高于前阴线的收盘价并渗入阴线实体 1/4 左右的位置，呈进入状态。

切入线可以出现在股价的任何位置。处在股价拉升后高位的切入线为高位切入线，处在股价回落后相对低位的切入线为低位切入线。高位切入线是卖出信号，低位切入线是买进信号。

高位切入线与低位切入线一样，同样由一根长阴线和一根小阳线组成，不同的是该形态出现的位置是股价经过拉升的高位，是一种见顶的 K 线形态（如图 1-23）。

股价经过多方的拉抬进入顶部区域，此时股价或者还在继续上行，或者已出现了高点，有勾头向下的迹象。某日遭到空头狙击，股价大幅下跌，收出覆盖性或包容性大阴线，说明上升趋势已经动摇，或下跌意愿开始浮现。

第二天顺势低开后，股价并未继续走低，而是反复向上，拉出一根切入线（小阳线）。由此可以看出多方与空方进行了反复争斗，但多方力度已经大不如前，收出的小阳线无法突破大阴线，有点“回光返照”的味道。

此时嗅出风险的持仓者开始减仓，使下跌力度加剧，最终演变成一轮下跌行情。因此高位出现切入线，预示着一场下跌趋势即将到来。

图 1-23　高位切入线

高位切入线是见顶信号。在上涨趋势中出现此形态，投资者应及时减仓，宜速不宜缓。卖出的时间是收出切入阳线当日。收盘前 20 分钟，投资者应该判断出这种形态并及时挂单卖出。若错过了这次卖出时机，次日开盘也可抛售，这均是高位切入线最佳的卖出机会。

投资者在操作时应注意以下两点。

（1）认真做好切入线的位置判断。若是处在高位，要坚决卖出股票；若是处在低位，应果断做多，不要犹豫不决，以免耽误进场时间。

（2）高位切入线的卖出时间，要坚持宜速不宜缓的原则。具体要求是：高位切入线出现后，应在该形态形成当天卖出股票。在通常情况下，收盘前 20 分钟，就可确认切入线形成，此时就可挂单卖出。万一当日不能成交，第二天上午开盘前，应利用集合竞价的机会卖出。这两档时间是高位切入线的最佳卖出机会，不应错过。

卖赚宝典

因为切入线可以出现在股价的任何位置，所以较难辨别。只要出现前股价拉升的幅度超过10%，均可视为是高位切入线，投资者应把握卖出时机，及时清仓。

此外，高位切入线与斩回线K线组合非常相似，二者容易混淆。但二者也有不同之处，高位切入线第二根阳线要深入阴线实体内1/4；斩回线的第二根阳线深入阴线实体内几乎达到阴线实体的1/2。

信号023　下降覆盖线

下降覆盖线由在上升行情中的四根重心不断下移的K线组成，依次为阳—阴—阳—阴。具体形成过程是，先出现一个穿头破脚K线组合，第三天收出了一根阳线。但紧接着又收出一根低收的阴线，并深入到前一根阳线实体之中，这就形成了下降覆盖线（如图1-24）。

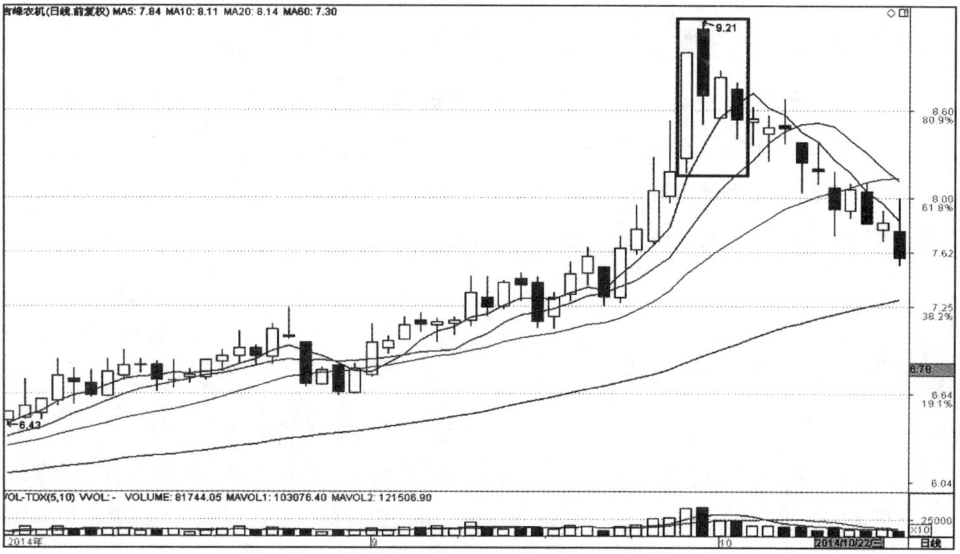

图1-24　下降覆盖线

出现下降覆盖线，预示着股价已见顶反转，股价日后下挫的可能性很大，因此投资者应及时止损离场。经过多方的持续拉升，股价大幅上涨，大量跟风盘涌现，出现了一根小阳线或中阳线，这根阳线是股价到达高点的表现。

紧接着获利盘开始收回资金，卖压增大，拉出了一根阴线。第二根阴线将第一根阳线的追涨盘全部套牢。

第三根阳线是对第二根阴线的反抽，反抽力度不大。此时投资者不要跟进，因为股价上涨很可能是庄家拉升出货，上涨只不过是暂时的。

第四根阴线彻底将反抽阳线的抢入盘全部套牢，说明多方已经完全枯竭，股价失去支撑，因此股价大幅下滑，市场有多头转向空头的征兆。因此下降覆盖线是典型的卖出信号。

下降覆盖线在技术上是一种见顶信号，股价日后下跌的可能性很大。因为在高位出现穿头破脚，本身就是一个见顶信号。如果成交量也同步放大，并换手率很高，那么下降覆盖线的转势信号就会更强。见到这种图形，就要及时抛空出局，以免给自己带来损失。一般第三根阳线出现时，是投资者卖出的最好时机。

卖赚宝典

下降覆盖线是一种常见的杀伤力非常大的顶部K线组合。下降覆盖线只有出现在上升行情中的股价高位，才可视为卖出信号。

下降覆盖线的最后一根阴线开盘价较低，并且深入到前一根阳线实体之内，且深入部分越长，股价下跌力度越大。

信号024 高位插入线

经过一段时间的拉升后，股价已处于超买状态，存在回调的迹象。此时股价突然在高位收出一根长阴线，第二天向下跳空开盘，随后小幅反弹，最后在前阴线实体中心线下方但接近中心线的位置收盘，收出一根小阳线。此时出现长阴加小阳的组合形态，称为高位插入线。

该线是顶部确认信号，投资者应卖出股票（如图 1-25）。

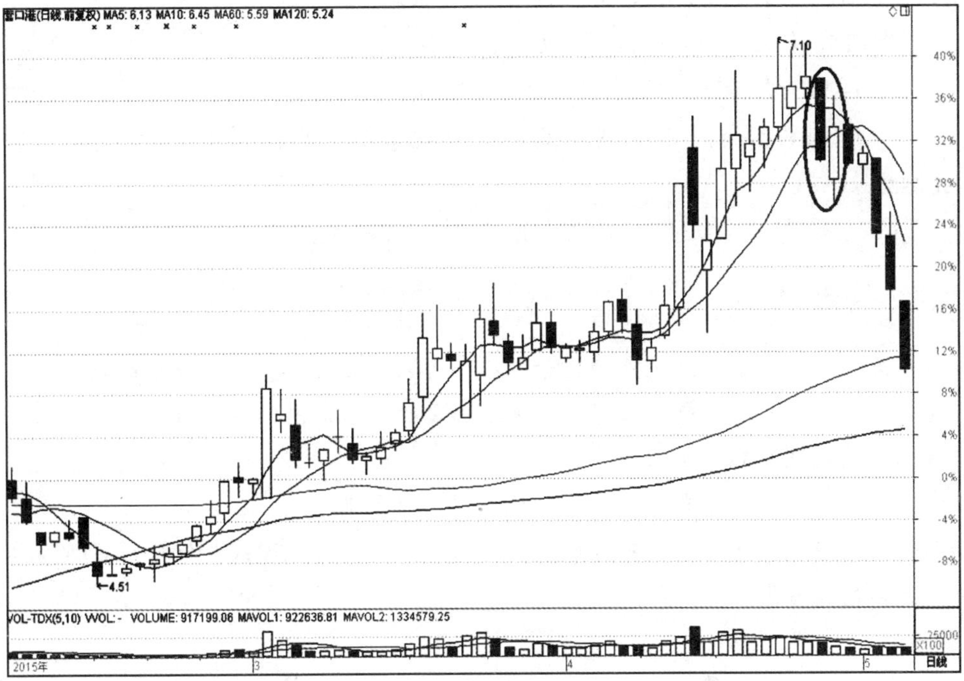

图 1-25 高位插入线

插入线与待入线、切入线这几种 K 线组合十分相似。插入线同样是由前面一根大阴线和后面一根小阳线组成，不同的是，插入线后面的阳线，它的开盘价要比后面两种图形的开盘价开得低一些，收盘价收在前阴线实体内的位置要高一些，一般要求达到前阴线实体中心线附近的地方，但不能超过中心线。

插入线出现的频率虽然较后两种图形要低一些，但也只有处在高位和低位的插入线才有研究价值。

股价运行至高位后，多方力量已衰竭，囤积的获利盘有抛售的压力。此时收出长阴，正是抛压聚集到一定程度的爆发，显示空方已占据优势。次日顺势低开，随后走高，收出小阳线，可见多头也尽力抵抗。但小阳线收在长阴线实体不到一半的位置，可见回天乏术，形成的跌势已无法挽回。随后会有更多的多头加入做空行列。因此高位插入线是顶部反转形态，投资者见此K线组合应卖出股票。

操作高位插入线时投资者应注意三点。

（1）只有处在高位的插入线才是看跌信号。

（2）判断形态是否出现在高位，可观察形态形成前累计上升幅度是否达到20%以上。

（3）操作时忌犹豫，要做到该出手时就出手。

卖赚宝典

处在高位的插入线是见顶信号，投资者应卖出股票；处在低位的插入线是见底信号，投资者可大胆操作。看跌形态比看涨形态的可靠性更强，高位插入线就是强烈的卖出信号。

对于稳健的投资者而言，小阳线出现在当日收盘前10分钟，可确认高位插入线形成，此时应及时卖出。激进的投资者可将小阳线最低价被跌破视为最后的止损点。

信号025 两阴夹一阳

两阴夹一阳K线组合形态由两根较长的阴线和一根较短的阳线组成，且阳线夹在阴线之中（如图1-26）。

形成两阴夹一阳K线组合一般要借助高涨的人气，形成位置主要在阶段性顶部。

股价经过一段时间的上涨，庄家借着利好消息和人气高涨的机会出货，于是拉出了第一根巨幅高开的阴线，显示此时买盘压力较大，投资者出现恐慌性抛盘。

庄家为了稳住人心，实行边拉边出的出货手法。投资者见股价反弹，就选择了跟进，一时买盘增多，于是就拉出了第二根阳线。

图 1-26　两阴夹一阳

出现第三根阴线并和第一根阴线形成对第二根阳线的夹击之势时，庄家几乎已把筹码派发完毕，即将获利离场。没有了买方的支撑，股价直线下跌，投资者被套牢。

由于两阴夹一阳 K 线组合形态是在股价大幅上涨之后构成的，所以是一种短线见顶卖出信号。一旦这种形态正式形成，建议投资者不要补仓，应该尽快离场。就算斩仓，也势在必行。

利用此种方法操作时，投资者应注意以下两点。

（1）股价在高位区域出现两阴夹一阳 K 线组合形态时，应立即卖出手中持股，以回避头部风险。

（2）两阴夹一阳 K 线组合形态中的阳线也可以是十字小阳线。有时出现两根大阴线夹数根小阳线，且第二根阴线把前几根小阳线全收复的 K 线组合形态，同样具有看空意义，应卖出手中持股。

卖赚宝典

在上涨趋势中出现两阴夹一阳的K线组合，预示股价升势已到尽头，有可能见顶回落；在下跌趋势中，尤其是下跌初期出现该图形，表明股价经过短暂修整后仍会继续下跌。

在运用这种K线组合卖出股票时，投资者还可以参考该股其他技术指标。假如此时MACD和DMA指标即将形成死叉现象，MACD指标的DIF值无法再创新高，那么就是可靠的卖出信号。

信号026 高位抱线

股价上升到高位后，出现一根大K线（不分阴阳）将前一根K线全部包容，称之为高位抱线，是强烈的见顶信号（如图1-27）。

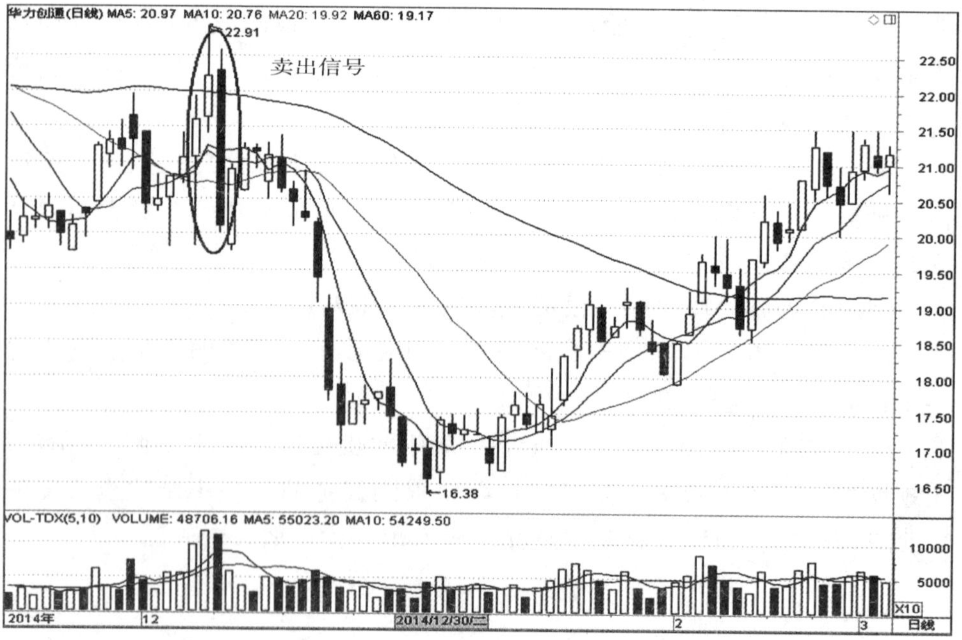

图1-27 高位抱线

高位抱线的主要特征如下。

（1）第二天的实体必须完全包住前一天的 K 线实体。

（2）上涨或下跌已经形成趋势，即使趋势是短暂的。

（3）颜色相反。例外的情况是，被吞没的实体是一个十字信号或实体非常小。

出现高位抱线代表的含义为：前一个交易日的 K 线小于今日的 K 线，已经表明趋势在转弱。随后包住它的 K 线，说明产生新的走势且力量很强。在发生吞没当天，如果量能放大明显，会增加新趋势继续的可能性；如果大实体能够吞没好几天的实体，表明反转的力量很强。

卖赚宝典

高位抱线无论是阴抱阳、阳抱阴、阴抱阴，还是阳抱阳等形态，均是见顶信号，投资者应果断卖出，保住成果。特别是高位的大阳包小阴抱线，属于最后的抱线，应坚决卖出。

信号027　高位五连阴

当股价上升到高位以后，连续出现了五根小阴线（其中有可能插入一根小阳线），表明股价进入了盘整下调阶段，此时成交量减少，可视为行情不妙，应迅速卖出股票（如图 1-28）。

卖赚宝典

股价进入高位后，多头开始谨慎介入，空头获利回吐，双方力量相差不大，造成股价小幅跌落。若连续四五日皆如此，表明空方占据优势，多方撤退，后市将继续下跌。因此高位出现五根阴线后，投资者应果断抛出手中股票，防止高位套牢。

图 1-28　高位五连阴

信号028　大阳线收跳空高开低走阴线

股价经过一段涨升后，一日出现一根大阳线。第二天走出一根向上大幅跳空高开走低的阴线，其收盘价与前一阳线的收盘价同值或接近。这种 K 线组合称为大阳线收跳空高开低走阴线。

该 K 线组合常在股价进入高价圈后出现，是庄家大幅振荡出货的手法之一，预示顶部已在眼前，后市将会出现一段下跌行情（如图 1-29）。

投资者在操作时应注意以下两点。

（1）处在低位的阳线约会线形成后，有的股票仅作微弱反弹就回头

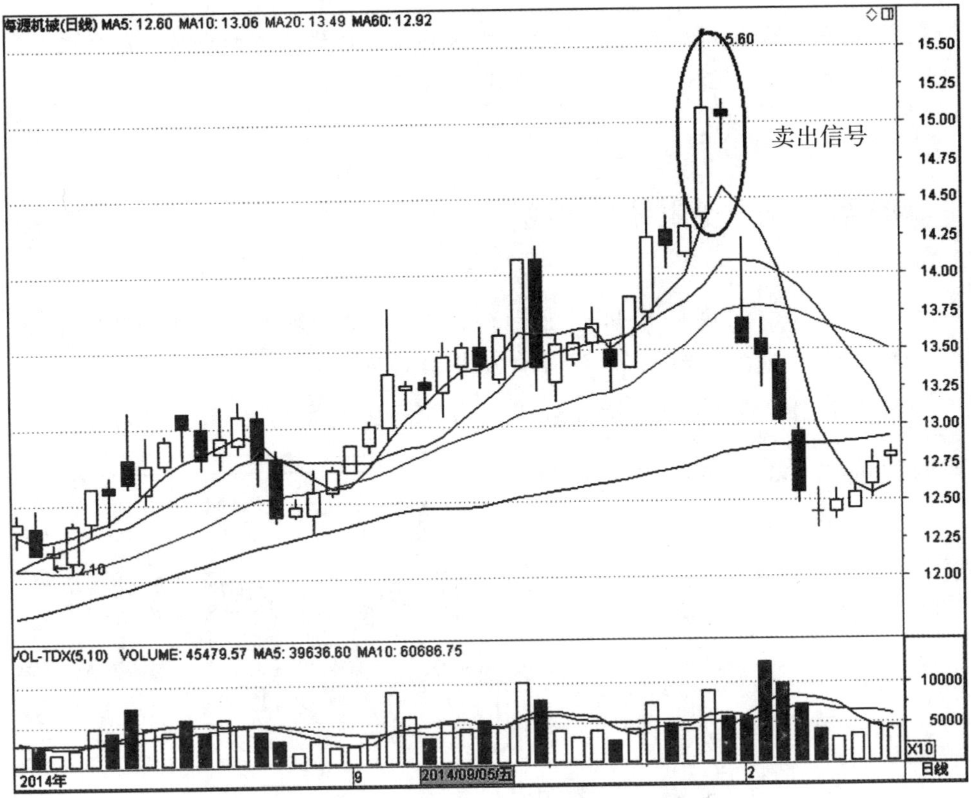

图 1-29　大阳线收跳空高开低走阴线

下跌，跌到阳线约会线的最低价附近。碰到这一走势时，如若股价跌破了止损价位，要狠心卖出。不跌破就耐心持股，直至取胜。

（2）处在高位的约会线出现后，一般来说股价会见顶回落。但有时也会出现不跌反涨的走势。从稳定投资者的心态来讲，卖出并没有吃亏。

卖赚宝典

大阳线收跳空高开低走阴线，主要是在股价上升过程中，由于人气高涨，买方积极介入，形成一根大阳线。第二天多方看好后市，推动股价上扬高开。但高开后引来大量抛盘，使股价一路下滑，导致低位收市，收在前阳线的收盘价附近，形成一根大阴线，表明卖压很重，后市还会继续下跌。

出现该组合K线，投资者应及早卖出股票，以保住胜利成果。约会线多处在高位或波段峰顶部位，为见顶信号，投资者应卖出股票。

信号029 前方受阻并列阳线

股价在高位出现一根带有上影线的阳线（一般是小阳线），第二天收一根与之并列的阳线，称之为前方受阻并列阳线。

该K线组合具有顶部特征，投资者应卖出股票（如图1-30）。

图1-30 前方受阻并列阳线

在很多时候，前方受阻并列阳线预示着股价将持续下跌。

股价经过一段时间的下跌后，某日突然跳空低开，可见卖盘依然很多，有加速下跌迹象。但出乎意料的是，低开后向上反弹，尾盘报收阳线，且收盘价与前一根K线的收盘价形成缺口（影线部分相互渗入可以忽略），说明下面有大资金拉抬。即便如此，收盘时仍未把跳空缺口填补。

次日股价在阳线的开盘价附近低开，也就是再次跳空低开，同样有大量卖单涌出，但收盘却收在前一交易日阳线的收盘价一带。这样便在下降途中出现了一组开盘价和收盘价接近，实体长度相当的并列阳线，这就是下跌持续形态——并列阳线。

这一系列动作，只有控盘能力较强的庄家才能做到。股价明明还在下跌，庄家何以一意孤行呢？这是欲擒故纵，目的是托价出货。一旦投资者认为股价止跌并跟进，庄家手中的筹码就会纷纷抛售出来。

投资者应该知道的是，在第二根阳线形成当日，若能在收盘前5分钟看出是下跌持续形状的并列阳线，则可当日卖出。次日若股价恢复下跌走势，则应尽早清仓。

投资者在操作时应该注意两点。

（1）形态出现的位置离顶部越近，下跌幅度越大。

（2）并列阳线是指阳线间实体部分并列，与影线无关。在下跌途中，阳线的上影线越长，从单根K线的技术意义上讲，下跌几率越大，形态越可靠。

卖赚宝典

前方受阻并列阳线中的第一根阳线带有上影线，表明价格上升到这个高度时，买方已耗尽了所有的力量，市场已接近它的极端价位，进一步上行缺少支持。所以第二个交易日中，就出现了低位开盘的情况。由于买方防御力量的作用，和空头平仓（买入）的影响，仍然又走出了一根阳线，形成并列阳线。

该形态显示上升乏力，不可避免地会出现调整行情，投资者应伺机卖出股票。在下降趋势中出现前方受阻并列阳线的K线组合，宜早日离场。

信号030 跳空下降二阴线

在股票价格持续下降的行情中，出现跳空下降的连续两根阴线，这是股价将要暴跌的信号。

通常在两根阴线出现之前，会有一小段反弹行情。如果反弹无力，连续出现阴线时，表示买盘大崩溃，股价将继续往下探底。投资者应抓住时机，抛出手中持有的股票（如图 1-31）。

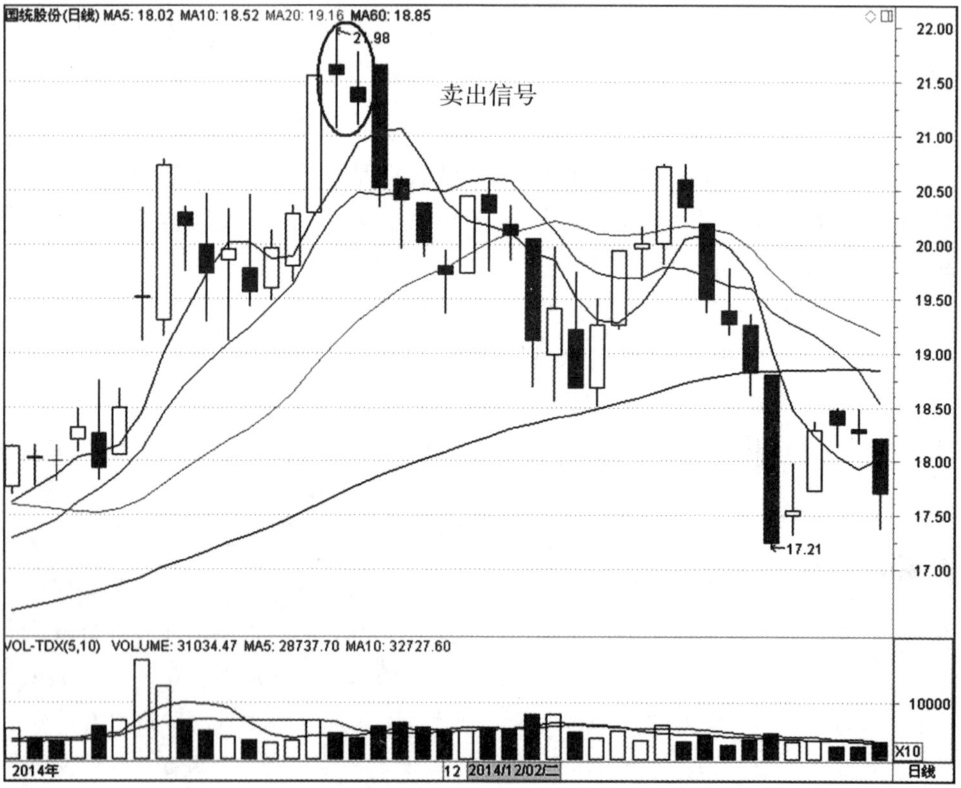

图 1-31 跳空下降二阴线

从原理上讲，向上跳空的第一根阴线表示买方上攻力量遭到卖方的打击，在低位收盘。第二根阴线则进一步显示卖方力量强于买方，股价将按卖方市场向下滑落，后市将会出现一段下跌行情。

卖赚宝典

跳空下降二阴线具有明显的顶部特征，无论是盈是亏，投资者均应果断卖出。

信号031　高位开盘秃阴线

股价上升到高位后，一天在高位开盘，在低位收盘，形成一根开盘秃阴线，表明市场将进入下跌趋势（如图1–32）。

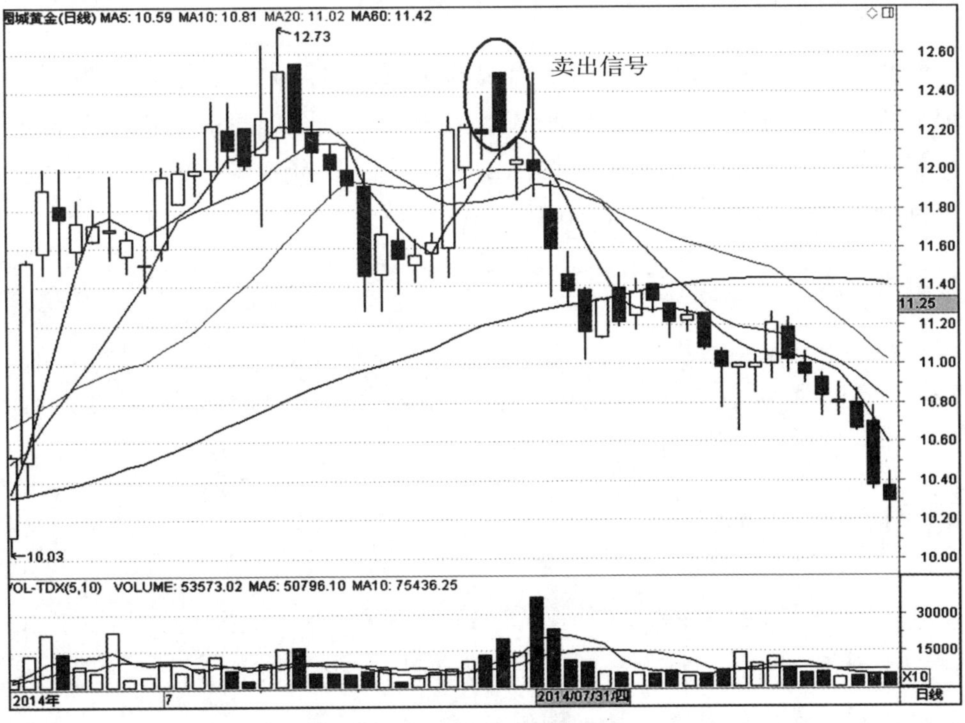

图1–32　高位开盘秃阴线

此K线表示股市开盘后股价持续下跌，盘中虽有反弹，但很快又恢复下跌走势。空方力量稳定增长，最后以最低价收盘，显示卖方坚决果断地要把股价打压下去，空方下跌的决心不会善罢甘休，不让多方有一丝一毫的反抗。

高位开盘秃阴线若是在头肩顶、双头等形态形成的最后时间出现，则为大天顶，投资者应果断卖出股票。

卖赚宝典

高位开盘秃阴线，多在市场价格顶部出现，是多方获利了结行为所致，预计后市会进一步下跌。

信号032 反击顺沿线

顺沿线是指自高位顺次而下出现的两根阴线。为了打击这两根阴线而出现一大根阳线，看起来似乎买盘力道增强了，但投资者需留意，这只不过是根障眼线，庄家正在拉高出货。这是投资者难得的逃命线，应果断做空，迅速卖出股票（如图1-33）。

卖赚宝典

当行情上涨一个月以上后，出现两根连续下降阴线，投资者即可判定前些日子的高价为天价，股价上涨已乏力，将进入下降趋势。

信号033 平顶线

平顶线，又称剃头顶线，是由两根最高价同值或近似同值的K线组成的图形。平顶线是见顶信号，在K线图中出现的频率很高，是投资者最易识别的卖出信号之一（如图1-34）。

图 1-33　反击顺沿线

卖赚宝典

高位平顶线是强烈的卖出信号。投资者需要注意的是，平顶线除在低价圈不多见以外，在K线图中的其他部位均会出现。特别是在上升途中出现平顶线，容易被误认为股价到顶，过早地抛出股票，造成不应有的损失。

对升幅不大的平顶线，投资者应多加分析、比较。如果确认股价仍有上升空间，不应匆忙抛出。对股价已经上升到高位后出现的平顶线，应果断卖出。

图 1-34　平顶线

信号034　下降途中大阳线

下降途中大阳线是指在股价持续下跌的过程中，忽然出现了一根大阳线，并且这根大阳线的最高价与最低价的幅度值，包容了前三日的总跌幅（如图 1-35）。

下降途中产生大阳线，多半是被套庄家的自救行为。庄家为了出局，有意把股价拉高，让跟风者上钩，然后趁机派发。当其目的达到后，即撤手而去，股价再次大幅下滑。

下降途中出现大阳线，还有一种可能是属于技术性反弹，但反弹不

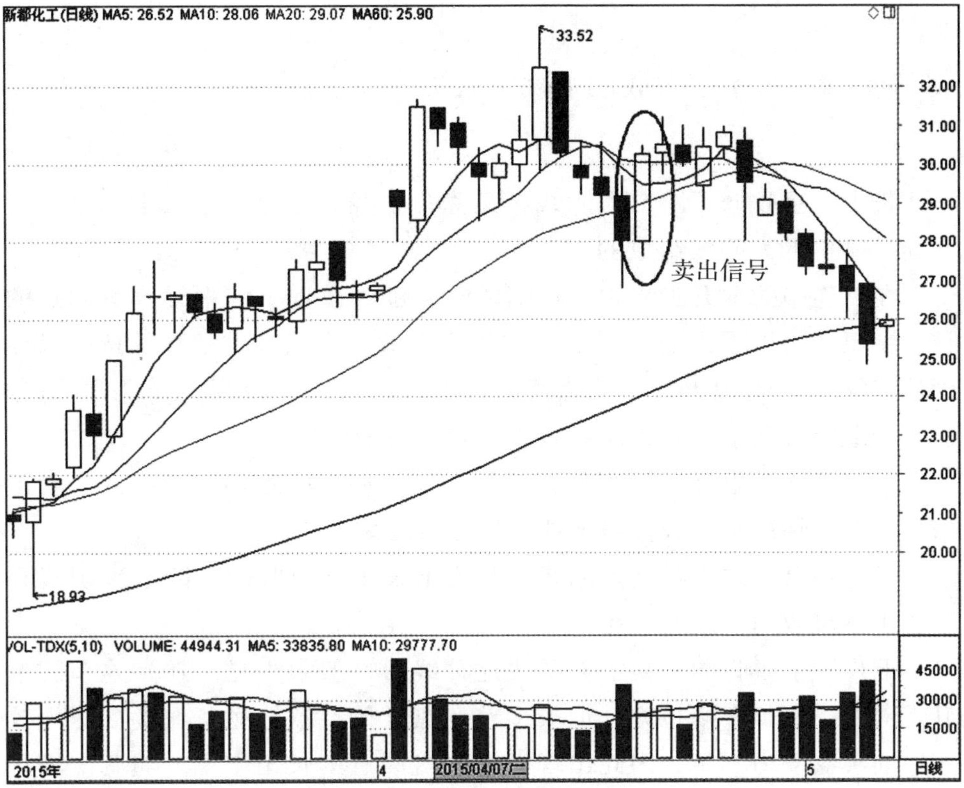

图 1-35　下降途中大阳线

会维持很久，之后股价会继续沿着下降通道运行。

卖赚宝典

下降途中大阳线是强烈的卖出信号。股票套牢后，应利用这一机会迅速出逃。但要注意的是，当股价跌得很低时出现大阳线，有可能是反转信号，投资者应等待第二天再做决定。若第二天继续收阳，且创出新高，就不应盲目“割肉”。

信号035 长十字星收向下跳空大阴线

长十字星收向下跳空大阴线，又称舍子线，是由一个长十字星和一个向下跳空的大阴线组成的。

在一连串的上升走势中，行情跳空上涨，出现了一根开收盘同点的长十字星，可以看出当日多空双方势均力敌。虽然多方顽强反抗，最终因价格涨幅已经相当大，无力再往上冲，多方势力减弱，市场行情告跌，以致跳空而下，以大阴线收市，暗示行情即将暴跌。

此时价格涨幅已经相当大，无力再往上冲，以致跳空而下，为卖出信号。在此情况下，成交量值往往也会随之减少。

长十字星收向下跳空大阴线，分为上长十字星收向下跳空大阴线和下长十字星收向下跳空大阳线。

上长十字星收向下跳空大阴线这种线形一般很少见。在一连串的上升走势中，股价大幅拉升，但较多获利盘开始在顶部抛货，卖盘压力较大，而买盘动力不足，因此出现开盘收盘同点的长十字星。随后市场行情告跌，不但跳空跌落，而且是以长阴收市，表示多头的买力到十字星发生枯竭。上长十字星收向下跳空大阴线出现后，股市很容易下降。

下长十字星收向下跳空大阳线，正好与上长十字星收向下跳空大阴线相反。它是在下落的过程中连收阴线，途中经过一天的十字星跳空而下，然后再出现跳空的阳线。这表示空头卖力已濒临尽头，随时有反弹的可能。尤其在十字星出现后，空头必须警戒，不可再放空。如果碰到底部反转时，应立刻转空为多。

长十字星收向下跳空大阴线出现在股价拉升后的高位，暗示行情即将暴跌，为卖出信号。此时成交量往往也会随之减少。

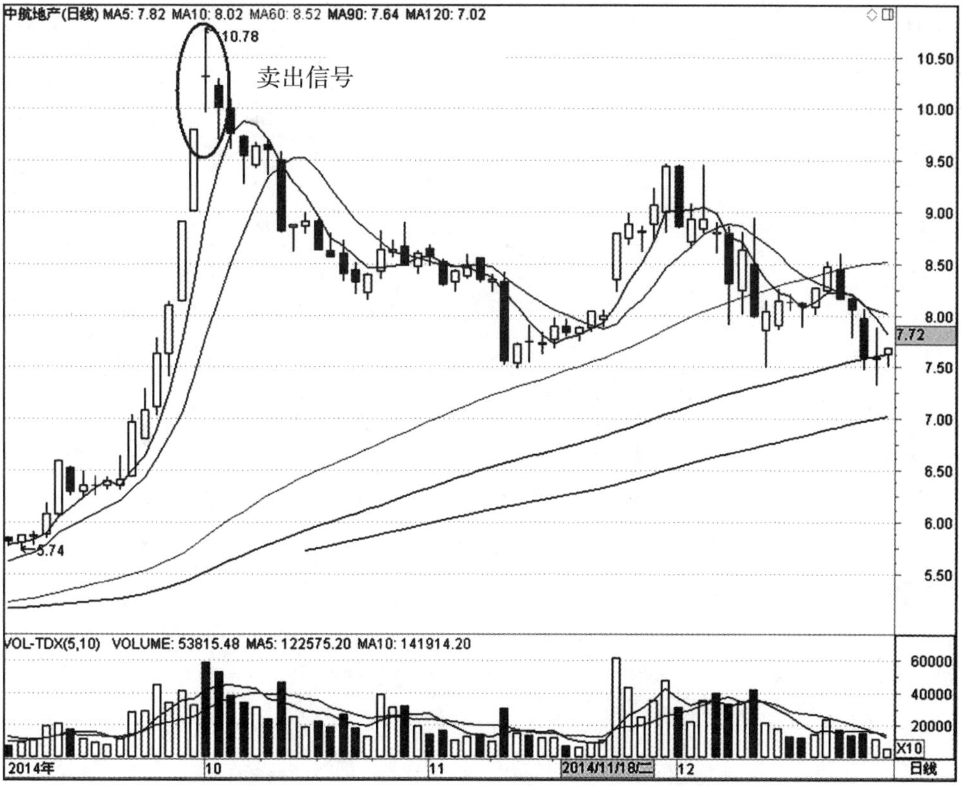

图 1-36　上长十字星收向下跳空大阴线

卖赚宝典

在操作长十字星收向下跳空大阴线时，首先要分清是上涨途中的上长十字星收向下跳空大阴线，还是下跌途中的下长十字星收向下跳空大阳线，万不可在股价高位出现长十字星收向下跳空大阴线时，错以为是买入信号而持股不抛。其次还要把握适当的卖出时间，减少损失。

第二章

捕捉技术图形的卖出信号

信号036 头肩顶卖出信号

头肩顶是最为常见的反转形态，是反转形态中可靠程度最高的一种，它跟随上升市势而行，是一种见顶信号（如图2-1）。

图2-1 头肩顶形态

一个完美的头肩顶走势，可以划分为以下三个不同的部分。

左肩部分：持续上升一段时间，在过去的任何时间买进都有利可图。之后获利盘开始沽出，令价格出现短期回落。在这段时间内，成交量会很大。不过当回落时，成交量较上升到其顶点时有显著减少，这一过程就形成左肩部分。

头部：经过短暂的回落后，那些错过上次升势的人，会在这次的调整期间买进，于是推动价格回升，成交量也随之增加。不过成交量的最高点较之左肩部分明显减退。价格升破上次的高点，那些对前景没有信心和错过上次高点获利回吐的人，又或是在回落低点买进作短线投机的人纷纷沽出，于是迫使行情再次回落，成交量在回落期间也同样减少，这样就形成头部。

右肩部分：行情恰好下跌到接近上次回落低点时又再次获得支持回升。那些后知后觉错过了第二次上升机会的投资者，在这次回升中纷纷跟进。可是市场投机的情绪明显减弱，成交较左肩和头部大大减少，股价没有抵达头部高点便宣告回落，于是就形成右肩部分。

头肩顶是一种见顶信号。一旦头肩顶正式形成，股价下跌几乎成为定局。一根中阴线使多方赖以生存的颈线被击破，股价收于颈线下方，头肩顶已宣布成立。行情走到这个地步，止损离场是投资者的最佳选择。

在操作时，投资者应注意以下几点。

（1）一般来说，左肩和右肩的高点大致相等，部分右肩较左肩为低。但如果右肩的高点较头部还要高，形态便不能成立。如果其颈线向下倾斜，通常显示市场非常疲乏无力。

（2）成交量方面，左肩最大，头部次之，右肩最少。不过根据有关统计所得，大约有三分之一的头肩顶左肩成交量较头部多，有三分之一则是两者的成交量大致相等，还有三分之一是头部成交量大于左肩。

（3）当跌破颈线时，成交量不必增加也该信赖。倘若成交量在跌破颈线时激增，显示市场抛售力量十分强大，会在成交量增加的情况下加速下跌。

（4）跌破颈线后可能会出现暂时性的回抽，此情形通常会在低成交量跌破时出现。不过，暂时回升应该不超越颈线水平。

（5）头肩顶是一个杀伤力十分强大的形态，通常其跌幅大于量度出来的最少跌幅。

（6）假如价格最后在颈线水平回升，而且高于头部，又或者价格在跌破颈线后回升并高于颈线，这可能是一个失败的头肩顶形态，不宜信赖。

（7）当头肩顶形态完成后，股价持续下跌穿破颈线时，成交量不一定扩大。但若股价持续下跌，成交量就会扩大。

在各种形态中，头肩顶形态的可信度相当高，一经确认，就要果断行动，不要受其他因素的影响。

卖赚宝典

(1) 头肩顶是一个长期性的趋势转向形态，通常会在牛市的尽头出现。

(2) 当最近一个高点的成交量较前一个高点低时，暗示头肩顶出现的可能性较大。当第三次回升价格没法升破上次高点，成交量继续下降时，有经验的投资者就会把握机会沽出。

(3) 当头肩顶颈线击破时，是一个真正的沽出信号。价格和最高点比较，虽然已回落了相当的幅度，但跌势只是刚刚开始，未出货的投资者需要抓紧时间继续沽出。

(4) 跌破颈线后，可根据该形态的最小跌幅量度方法，预测价格会跌至哪一水平。这种量度方法是：从头部的最高点画一条垂直线到颈线，然后在完成右肩突破颈线的一点开始，向下量出同样的长度，由此量出的价格就是将会下跌的最小幅度。

信号037 倒V顶卖出信号

顶部倒V字形态经常出现在股价一路持续上涨，很少调整或只有微小调整，且股价在持续上涨的过程中又出现过价格跳空的市场中。先是股价快速上扬，随后股价快速下跌。头部为尖顶，就像一个倒写的V字形状（如图2-2）。

顶部倒V字形态常在几个交易日之内形成，而且在转势点都有较大的成交量。在涨势中，市场看好的气氛使股价节节上扬，但这些追涨力量多为短期行为。一旦要买的都买了，后面买方力量跟不上时，危机就出现了。

追涨的股民见股价涨不上去，就反手做空。随着抛售的加剧，市场

图 2-2 顶部倒 V 字形态

迅速逆转，以几乎等同于上涨时的速度快速下跌。这样，股价在 K 线图上就留下一个倒 V 字形状。

利用这种方法操作时，投资者应注意以下几点。

（1）倒 V 字形态由于位于市场顶部，其一旦完成，比 V 形底的反转要剧烈得多，仅几天或一两个星期，股价就会跌去大半。

（2）顶部倒 V 字形态的转势点成交量特别大，许多时候甚至是天量。股价暴涨，但这往往是强弩之末。天量表示大庄家在出货，否则谁会有那么多股票呢？

（3）识别顶部倒 V 字形态时，可以借助 K 线理论中出现的反转信号来帮忙。例如顶部星线反转、顶部长上影线小 K 线、吊颈线、乌云盖顶、垂死十字等 K 线形态，都是明显的顶部信号。由于顶部倒 V 字形态多发生在较短的时间内，所以这时短暂时间出现的反转信号便派上了用场。

（4）顶部倒V字形态还有一种变体叫扩展倒V形顶。市场转折后，马上形成一个小平台。通常，小平台稍稍斜向新趋势的相反方向。当平台被突破时，趋势反转的过程也就完成了。短线操作者遇上此形态时，应把股价向下突破小平台当作最低卖点。

卖赚宝典

短线操作者要结合短期上升趋势线来回避顶部倒V字形态带来的巨大风险。一旦发现股价在高位跌破短期下降趋势线，应立即卖出手中持股。

信号038 双重顶形成的卖出信号

双重顶形态就是市场上众所周知的M头，这是一种极为重要的反转态。价格上升到某一高度后，出现较大的成交量，随之则呈现小量拉回。接着价格再度上涨到几乎与第一个波峰相同的高度，成交量亦放大，但是却小于第一个波峰的量（如图2-3）。

图2-3 双重顶

判断双重顶最重要的条件是趋势。但是在实际运行中，这种形态的技术图形是相当复杂的，很难简单地进行认定。当市场或者个股处于上升大趋势中，一些所谓的双重顶往往会演绎成双重底形态。因此需要投资者在选股时要综合各种因素进行考虑，从而比较准确地判断是否会出现真正的顶部。

当然，有的个股在顶部之后出现较大幅度的下跌，之后再次上涨到前期高位后再度下跌，形成了真正意义上的头部。

投资者需要了解的是，形成双重顶的内在因素是深度介入的庄家资金被套后，无法顺利出局，因此被迫再度拉高，以便选择时机出逃，这其实也是庄家的一种无奈举动。

双重顶更多地出现在下降通道当中。由于市场上往往有超跌抢反弹的资金在前期低点附近做多，又在前期高点附近做空，从而导致了双顶的形成。此时技术形态表现出来的特征通常是第二个头部低于第一个头部。这种在下降通道中形成的双顶，意味着短期的多头抵抗结束，市场再度向下走低。一般而言，也意味着其形成的箱体底部位置具有较强支撑，是未来值得关注的位置。

通过对双重顶的分析可以发现，所谓的双重顶，很难判断是否是个股的头部，因为在第一个头部向下的时候，是无法判断是否会形成第二个头部的，只有在它下跌到了相当空间后才能确定。所以从中长线选股的眼光来看，只有追逐相对高点卖出才有积极意义。

比如 2007 年 10 月，A 股最高点之后形成了两个头部形态（如图2-4所示），但是在第一个头部下跌初期时是无法确认双重顶形态的，只有等待大盘跌到 5000 点以下才能确认，此后的反弹就是逢高出局的机会了。对于中长线投资者来说，由于是以战略眼光来参与市场的，所以此时出局，仍然能够获得比较丰厚的利润。

双重顶的应用原则主要有以下几点。

（1）对于双重顶形态来说，通常之前应该有一段长达数月的上升趋势，否则不存在反转形态的说法。第一个顶点出现后，股价回档下跌，而成交量却呈现出忽大忽小的不规则变化。当股价再次上扬时，成交量

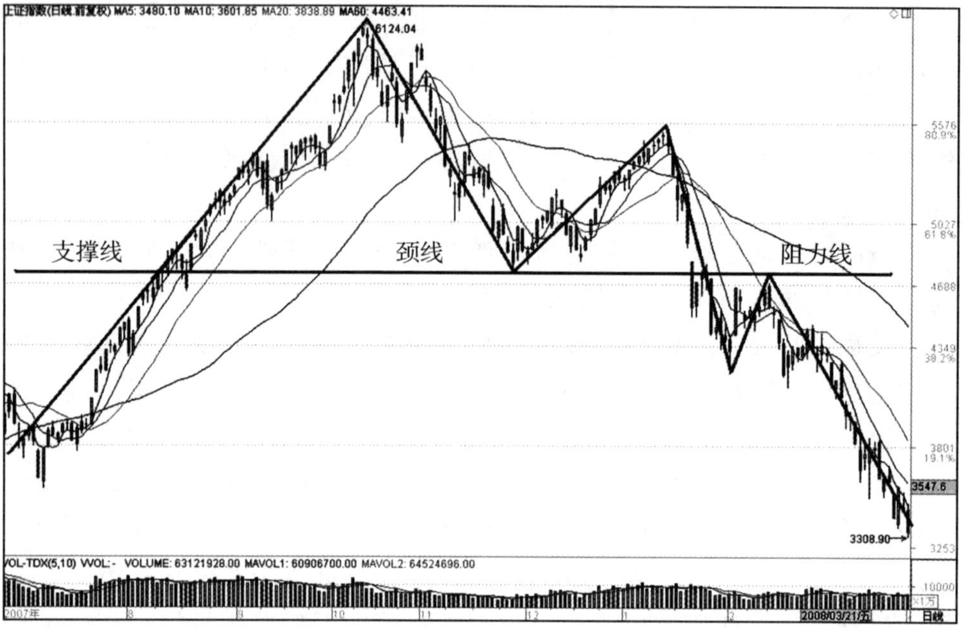

图 2-4 上证指数 2007 年牛市大顶形成的双重顶

明显要小于第一个顶点。此时极有可能构成双重顶形态，可考虑提前卖出，规避可能面临的风险。

（2）在双重顶第二个头部形成过程中，成交量通常会缩小，并且在升到第一个头部区域价位时就会碰到阻力。当第二个波峰无法有效突破第一个波峰时，弱势格局会显得更加明显。两个头部之间相隔的时间可能是几个星期，也可能达到数月，但一般来说在 1~3 个月之间。

两个头部一般高度相近，之间的差距应在 3%之内。通常来说，第二个头可能较第一个头高出一些，原因主要是看好的力量企图推动股价继续上升，可是却没法使股价上升超逾 3%的差距。双重顶形态中，当股价向下跌破颈线 3%以上时，是一个强烈的卖出信号，此时应果断退出观望。

（3）双重顶的第二个顶部下跌时，应该可以看到成交量放大或加速下跌的陡度，也许还会伴随一到两个缺口。对于双重底来说，在第二个底部的上升过程中，成交量放大的走势至关重要。双头的两个高峰都有明显较高的成交量，但是第二个头部的成交较第一个头部显著减少，反映市场的购买力量已经转弱。双底第二个底部成交量十分清淡，一旦突破颈线时，必须得到成交量激增的配合方能确认。双头跌破颈线时，不须成交量明显增加，也应该信赖趋势反转信号。

（4）对颈线的突破应该放量，并且伴随更加陡峭的行进路线。跌破颈线后，如有回抽以确认向下突破的有效性时，就可以考虑止损离场。双重顶偶尔也会出现在底部的调整行情中，但下跌空间有限。跌破颈线卖出后，应密切关注其走势。一旦调整到位，就要及时买回，防止踏空。

（5）双重顶的颈线被突破后，将转化为阻力线。双重底的颈线被突破后，则转化成支撑线。向下突破后，有时会发生回抽测试颈线的动作，这通常是市场提供的第二次出场机会。

（6）双重顶形态有时也会有“多头陷阱”的情况出现，就是第二个顶部比第一个顶部高，使投资者误以为又一波升势将要来临。当投资者在突破买入时，股价却掉头向下，构筑了第二个顶部，这就是多头陷阱。投资者遇到这种情况时，应以上面讲解的双重顶形态研判标准来操作。

卖赚宝典

投资者一定要谨记：该形态一旦出现，就要及时卖出股票，防止因一时的贪念或者被陷阱迷惑而被套牢。

信号039　三重顶的卖出信号

在双重顶形态中，股价第二次回落达到前期低位之后反弹向上，再次创新高失败，在这种情况下，就会在K线图上形成三个山峰的图形，又称为三尊顶。

三重顶形态和双重顶十分相似，只是比双重顶多了一个顶，且各顶分得很开、很深，成交量在上升期间一次比一次减少（如图 2-5）。

股价在上升一段时间后，投资者开始获利回吐。市场在获利资金的沽售下从第一个峰顶回落。当股价落至某一区域后，随即便吸引一些看好后市的投资者的兴趣。另外以前在高位沽出的投资者，亦可能逢低回补，于是行情再度回升。

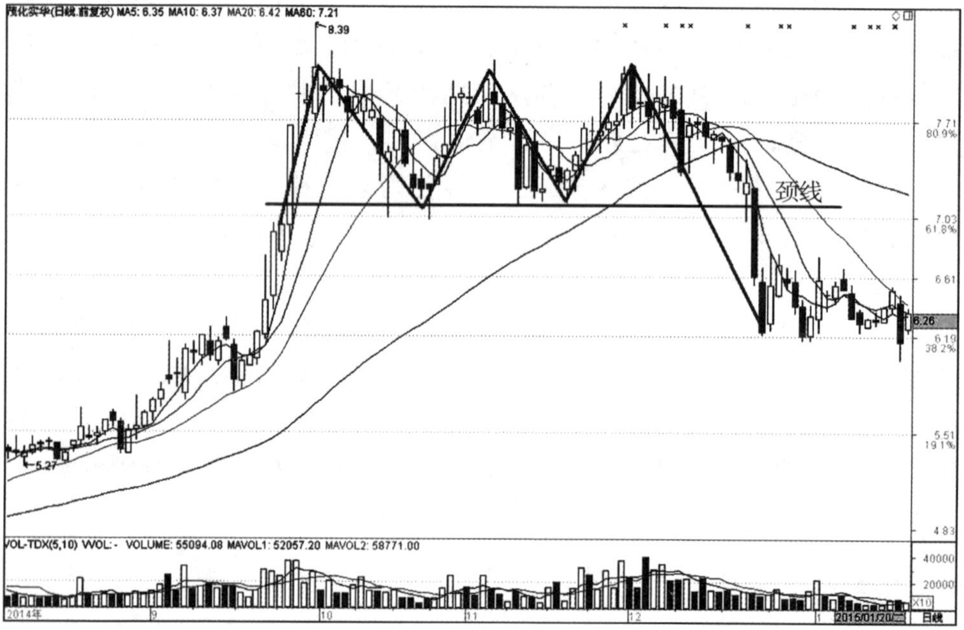

图 2-5　三重顶

此时市场买气不是很旺，在股价恢复至前一高位附近时，股价即在一些减仓盘的抛售下再度走软。在前一次回档低点错过前一低点买进机会的投资者及短线客会纷纷入场，将股价再次拉起。但由于股价前两次向上涨升都受阻回落，令投资者在股价接近前两次高点时纷纷减仓。

股价下滑至前两次低点时，一些短线买盘开始止蚀。此时，若越来越多的投资者意识到大势已去，纷纷沽出，就会令股价跌破前两次回落的低点（即颈线），于是整个三重顶形态就形成了。

三重顶的主要特征如下。

（1）在涨势中出现。

（2）有 3 个波峰，但所在价位基本相同。

（3）三个波峰相应的成交量相继减少。

（4）以跌破颈线位（3%以上）的支撑来确认形态成立，破位时并不需要成交量放大。

同时需要注意的是，三重顶顶峰之间的距离与时间不必相等。三个顶点价格不必相等，大至相差在 3%以内就可以了。三重顶的第三个顶如果成交量非常小时，便显示出下跌的征兆。从理论上讲，对于三重顶或三重底的最小涨幅或跌幅，以底部或顶部愈宽表示力量愈强。

卖赚宝典

在三重顶形态中，如果形态上下空间较大，且有一定差价，短线可以做差价。股价第一次冲高后回落，回落到某一价位又止跌回升时，投资者即可买入，在接近第一高点价位时卖出。这样也有利可图，但要设立好止损位，股价破位后应立即止损。

信号040　圆弧顶的卖出信号

圆弧顶是指股价或股指呈弧形上升，虽然顶部不断升高，但每一个高点微升即回落，先是出现新高点，之后回升点略低于前点。如果把短期高点相连，就可形成一个圆弧状的顶。同时，在成交量方面也会呈圆弧状（如图 2-6）。

市场经过一段买方力量强于卖方力量的升势之后，买方趋弱，或仅能维持原来的购买力量，使涨势缓和，而卖方力量却不断加强。最后双方力量均衡，此时股价保持没有升跌的静止状态。

一旦卖方力量超过买方，股价就开始回落。一开始股价或指数只是慢慢改变，跌势不明显。随后空方完全控制市场，跌势转急，说明一个大跌市即将来临。未来下跌之势将转急转大。

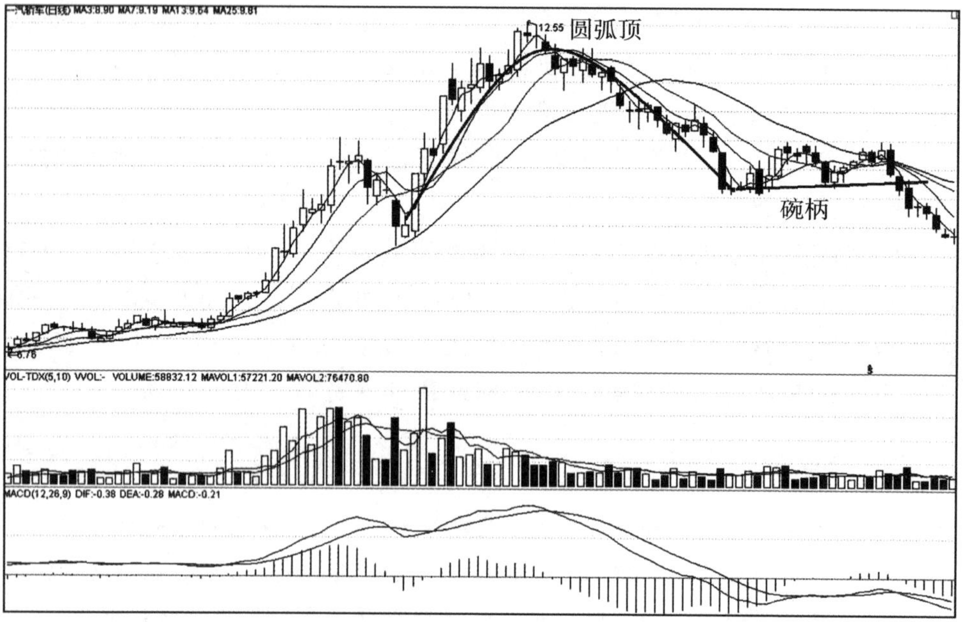

图 2-6　圆弧顶

圆弧反转在股价顶部出现，股价跌破前一次形成圆弧顶始点时的形态，才能够确认该形态成立。

在多空双方拉锯形成圆弧顶期间，影响股价的经济、政治、市场人气、突发消息等各种因素均没有发生，市场只是物极必反的转势心理占据了主导地位，使得个股呈“温水煮青蛙”式的出货态势。

圆弧顶的最小跌幅，一般是圆弧顶颈线到圆弧顶最高点之间的直线距离。圆弧顶反转形态没有头肩形、W 形、V 形反转形态那样剧烈，它是市场渐进渐变的结果。圆形顶反转是由上而下进行的，呈现出一种圆弧形的走势。

圆弧顶的主要特征如下。

（1）在形态形成初期，市场中往往弥漫着极度乐观的气氛。

（2）成交量没有固定且明显的特征，盘面上有时出现巨大而不规则的成交量，一般呈 V 形，有时也会呈圆顶形状。

（3）圆弧顶反转的理论目标点位和价格较难确定，只有通过支撑压力位、百分比、黄金分割等方法来预测价格低点。

（4）有时当圆形头部形成后，股价并不会马上快速下跌，只是反复横向发展，形成一个徘徊区域，这个平台整理区域称作碗柄。当股价向下突破这个横向区域，就会呈现出加速下跌的趋势。

卖赚宝典

圆弧顶没有明显的卖出点，其形态形成耗时较长，有充足的时间让投资者依照趋势线、重要均线及均线系统卖出股票。

圆弧顶多出现于绩优股中，由于持股者心态稳定，多空双方力量很难出现急剧变化。庄家在高位慢慢派发，K线极易形成圆弧顶。

信号041 岛型顶的卖出信号

岛形反转是股票形态学中的一个重要反转形态。出现这种形态之后，股票走势往往会转向相反方向。岛形反转分为顶部岛形反转和底部岛形反转。

股价在高位振荡一段时间后，就会在空方的打压下回落。当股价回落靠近上升途中的竭尽缺口时，由于恐慌性抛盘大量涌出，造成股价跳空下跌，股价在K线图上留下一个向下的突破性缺口。由于一上一下这两个缺口的位置基本处于同一区域，因此看上去顶部就像一座远离海岸的孤岛，这就是顶部岛形反转（如图2-7）。

由于股价不断上升，使原来想在低位买入的投资者无法在预定的价位吃进。持续的升势令这批投资者难以忍受踏空的痛苦，终于忍不住不计价位地抢入，于是形成一个上升的缺口。

可是股价却没有因此快速向上，而是在高水平明显出现放量滞涨横盘，说明此时暗中有巨大的抛压。经过一段短时间的争持后，庄家和先知先觉的机构大量出逃，股价终于无法在高位支持。一旦下跌引发市场

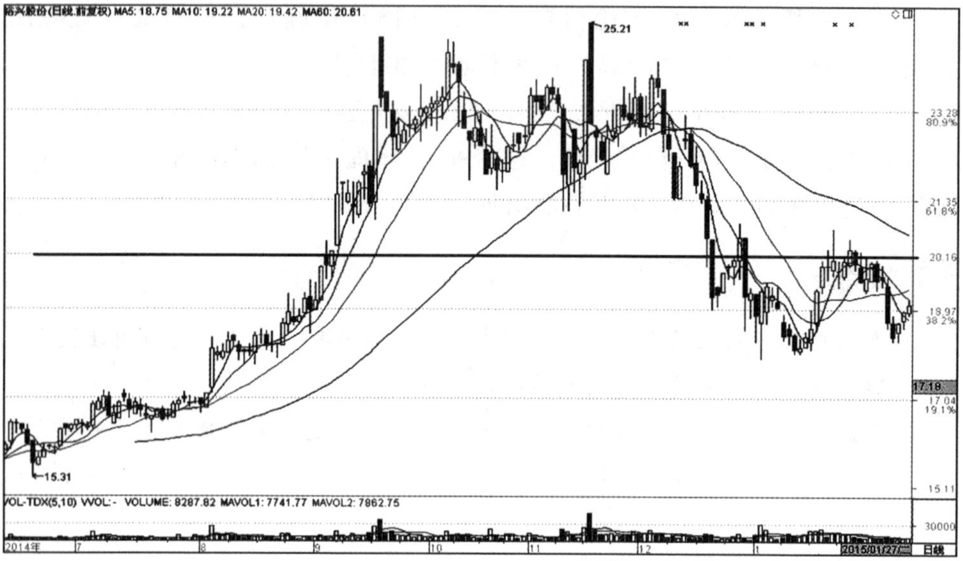

图 2-7　顶部岛型反转

信心崩溃，出现跳空性下跌，下跌缺口之上套牢了大量的筹码，股价也开始了漫长的下跌。

股价不断地持续下跌之后，最后形成的底部岛形，其市场含义和升势时形成的顶部岛型反转原理一样。岛形形态常常出现在长期或中期趋势的顶部或底部，表示趋势逆转。

顶部岛形反转一旦确立，说明近期股价向淡已成定局，此时持筹的投资者只能认输出局，如果继续持股必将受更大的损失。而空仓的投资者近期最好也不要再过问该股，即使中途有什么反弹，也尽量不要参与，可关注其他一些有潜力的股票，另觅良机。

利用此种方法操作时，投资者应注意以下几点。

（1）顶部岛形包括一个上升竭尽缺口和一个下跌突破性缺口。对于顶部岛形反转，成交量没有底部岛形反转那样重要。

（2）顶部岛形反转的突破十分剧烈，因此投资者的操作要快，应该在突破发生时尽快清仓退出。

（3）顶部形成的岛形反转信号比底部岛形反转信号要可靠，投资者见到顶部岛形反转时要及时做空。

（4）如果投资者不幸在涨势末期买入，岛形反转形成时，一定要卖出止损。因为顶部岛形反转形成后，股价跌幅会很大。

卖赚宝典

顶部岛形反转是K线图中的大天顶，它出现后，至少会经历半年以上的下调过程，股价下跌的幅度很大，而且以后反弹的高度也很难冲过下降突破缺口的上限。

投资者切记，一旦出现顶部岛形反转，不论前面已跌多深，均应果断卖出。假若股价到了高位，在右边向下的突破缺口出现时，投资者应迅速将手中的股票抛出。

另外，消耗性缺口出现后，若某日股价呈单日转向，高开低收，应对岛形顶随时有可能出现有心理准备。当在消耗性缺口水平的右边再出现突破性缺口，而且成交量大增，可以确认岛形顶形态已经成立，这预示着大市将见顶回落，属于利淡信号，宜沽货离场。

信号042　凤凰顶的卖出信号

股价经过一段涨升后，在高位出现平顶线，接着走出一高一低（或一低一高）两组K线，称为凤凰顶线。因为这四根K线组成的图形形似凤凰头，故名凤凰顶。其见顶信号特别明显，投资者应卖出股票（如图2-8）。

卖赚宝典

凤凰顶线是明显的顶部特征，无论出现在高位还是上升途中，均是反转信号，应卖出。上升途中出手的股票，可在调整结束后补回。在高位卖出后，最好远离股市，不经三波下跌，不要进场。

图 2-8 凤凰顶

信号043 菱形顶的卖出信号

菱形顶是一种顶部形态，它的主要特征是价格波动先扩大，后缩窄，形状像菱形，又称钻石形。技术分析认为，在顶部出现这一形态后，预示着上涨行情即将结束。菱形顶形态相对较为少见（如图 2-9）。

菱形顶也是一种中长期反转形态，其颈线为 V 字形，成交量呈三角状逐渐萎缩。菱形顶实际上是矩形顶和对称三角形的结合。左半部和喇叭形顶一样，第二个上升点比前一个高，回落低点比前一个低。第三次回升时，高点却不能超越第二个高点，接着的回落点却又较前一个高，股价的波动由不断向外扩散转为向内收缩，右半部的变化相当于对称三角形。

股价大幅扬升时，投资者显得非常冲动甚至失去理智，纷纷进场抢

图 2-9　菱形顶

盘，导致价位上升，成交量放大。但很快投资热情又冷却下来，成交量萎缩，股价波幅变窄，市场转为观望。对于这种形态，投资者应静待市场进一步发展，等方向明确后再作抉择。

卖赚宝典

菱形顶通常在中级下跌前的顶部或成交放大的顶点出现，属于中长期反转形态。中长线投资者应在股价有效击穿菱形右侧颈线时迅速卖出股票，回避风险。

信号044　矩形顶的卖出信号

矩形顶形态往往在股价持续上升的最后阶段出现。股价在持续上升后出现下跌，接着再上升，然后又下跌，如此反复。上升的高点和低点与前期高低点基本持平。把上下的高点和低点分别连接起来，可以画出一个矩形，这就是矩形顶形态。

矩形顶形态是最典型的盘整走势，表明了多空力量在某一个价格区间里达到相当势均力敌的平衡。矩形顶的形成原理为：股价上升一段时间后，在某一价位受到空方的打压，股价出现下跌，但这种下跌在多方的支撑下很快结束，股价重新上涨，涨到前一高点时空方组织力量反扑，将股价重新推到前一下跌的低点处。由于双方力量均衡，股价便在一个横向区域里做上下振荡整理，将整理的高点连起来，形成一条水平趋势线，将整理的低点连起来，同样是一条水平趋势线，这两条水平趋势线结合起来就构成了一个矩形。股价在矩形里整理一段时间后，最终会在空方越来越大的压力下选择向下突破。当股价决定性地跌破了矩形下边线时，市场确立下降趋势。

在整个形态形成过程中，矩形保持着高而且不规则的成交量。当下限被跌穿时，形态确立，此时未离市的投资者应立刻出局以减少损失，否则，损失会变得越来越大，以至于无法自拔，短线被迫变成长线。具体图形如下图2-10。

图 2-10 矩形顶

矩形顶产生的原因有两种，一种是庄家采用震荡出货法出货，佯装做上升矩形，诱导散户继续跟进，第二种是因大盘暴跌或其他突发因素导致上涨过程中作为中继形态上升矩形继续上涨的逻辑被破坏，转为下跌。不论是哪种，股价向下突破，并确立下降趋势，股民就应卖出股票。

卖赚宝典

利用此种方法操作时，投资者应注意以下几点。

（1）矩形顶向下突破时，成交量未必会放大。

（2）矩形顶向下突破前，要注意它是否演变成底部反转形态，比如演化成三重底。

（3）当股价跌破矩形底部之后，如果成交量持续放大，表示股价将加速下跌。

（4）如果矩形空间较大且有一定差价，短线操作者可以利用股票箱的原理进行操作，但一旦矩形出现向下突破，就应坚决卖出。

信号045　顶部倒 N 字形态的卖出信号

股价连续上升进入高价区域后，先形成一个高点，之后又开始回落，但回落的幅度并不是很大。当股价重新攀升至略低于前次最高点时，多方已无力上攻，股价开始回落，并超过前次小幅度回落的最低点。于是，在股价 K 线图上便出现了一个倒 N 字形态（如图 2-11）。

当倒 N 字形态出现在股价高位时，投资者一定要卖出手中股票，迅速逃顶。因为从股价自第一高点回落后，再次回升达不到第一高点便又回落的情况来看，股价已经缺乏上升的动力，下跌大局已定，短期内不可能再有起色。这时候投资者如果还捂着股票不撒手，必然会严重套牢，明智的投资者会在倒 N 字形态在顶部出现时反手做空。

利用这种方法操作时，投资者应注意以下几点。

（1）投资者可以根据历史走势来判断股价是否进入了高价区域。

图 2-11　顶部倒 N 字形态

（2）股价创下第一个高点后出现小幅回落，而后又止跌回升。如果股价达不到前一高点处便调头向下，且成交量明显低于第一高点时，投资者应该警惕头部出现，保险的做法是减磅操作。当股价从第二高点处落下，直接跌破第一次回落的低点位时，就要毫不犹豫地卖掉手中全部持股。

（3）研判顶部倒 N 字形的卖出信号时，最好结合其他技术指标进行综合研判。例如，当有以上所讲的倒 N 字形态出现时，如果股价又跌破了 5 日、10 日等短期均线，则短线卖出信号更准确。

（4）越来越萎缩的成交量是市势疲弱的象征，更说明空方已取得主导地位，卖出越晚越糟糕。

卖赚宝典

倒N字形顶部形态与M形顶部形态（即双重顶或双头）是不同的，它们的区别是：M形顶部形态的两个高点基本相同，倒N字形顶部形态的第二次高点要比第一次低一些。

信号046　下降平台向下突破的卖出信号

股价下降过程中，常常会在下跌几天之后，就在低位进行横盘整理，一般6~10天完成整理过程。整理期间的走势，就叫做下降平台。整理结束后，股价再次下行。如果下跌幅度超过3%，且最终站稳该位置，就成为突破下降平台（如图2-12）。

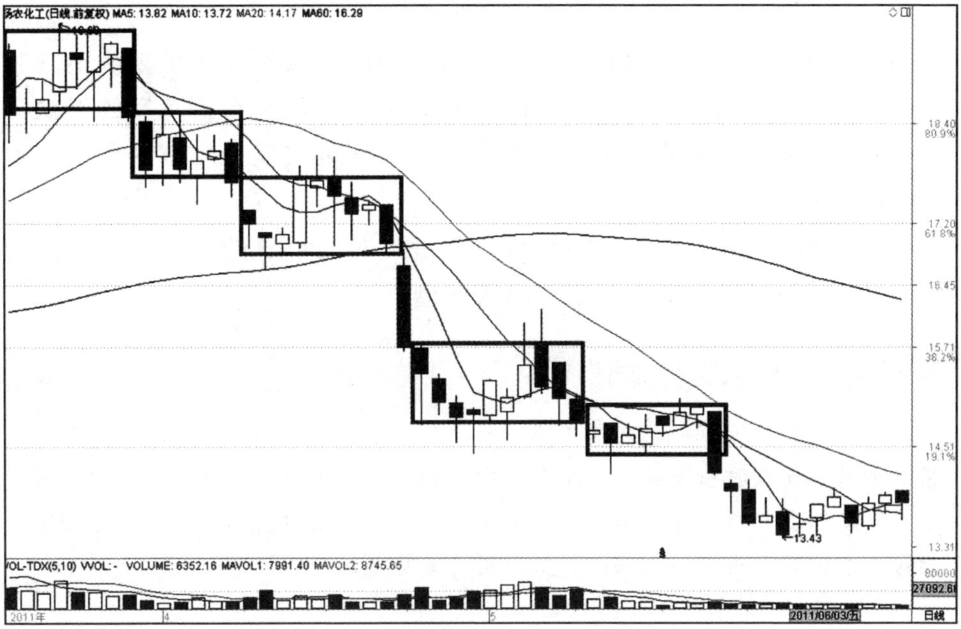

图2-12　突破下降平台

突破下降平台是继续卖出信号。已在高位被套的投资者，要学会利用突破下降平台这一机会继续减仓。等股价跌到底部，出现见底回升走势时，再把卖出的股票如数买回。这种先卖后买的操作方法，可大大缩短解套的时间，新老股民皆适用。

在操作时，投资者应注意以下几点。

（1）突破下降平台不需要考虑成交量的多少，只要是股价跌破了平台，就应卖出股票。因为突破下降平台不需要成交量的配合，不论放不放量，股价照样都会下跌。只要见到突破下降平台的走势，就要毫不犹豫地卖出股票。

（2）下降平台有时处在高位，有时出现在下降行情的途中，有时还会处在离底部不远的地方。要根据股价所处的位置，采取相应的操作策略。处在高位和下降途中的下降平台，应坚决卖出股票。但接近底部的下降平台，只能做减仓操作，不能全部抛光，而且要随时关注行情走势。一旦股价跌不下去时，要考虑是否买回。

（3）下降平台整理过程的长短，与后市跌幅没有太大关系。整理时间达一个月以上的平台，与整理时间只有七八天的平台，其后的下跌深度一般不会出现太大的差别。即使有差别，那也仅仅是庄家的玩法有差别罢了。

也就是说，无论是久盘的平台，还是短时间形成的平台，只要出现向下破位走势，就要卖出股票，离场休息。

卖赚宝典

下降平台被突破后，就会出现一波下跌幅度至少为形成平台前跌幅的行情。如果不能及时在突破下降平台时卖出股票，损失就会相当大。

依据很多实例，可以总结出以下观点：下降途中出现的下降平台一旦被跌破，后市就会出现一段深跌走势，投资者应及时卖出股票。

信号047　上升楔形向下突破的卖出信号

上升楔形出现在跌势时，一般具有看跌的欲望。

股价经过一段时间的大幅下跌之后，出现强烈的技术性反弹。当股价弹升到某个高点时就掉头回落，不过这种回落较轻微和缓和。在股价跌到上次低点之前，已得到支撑而上升，并且越过上次高点，形成一浪高于一浪的走势。

虽然股价的高点一波比一波高，低点也一波比一波高，但高点和低点之间的距离却在逐步缩小。把两个高点和两个低点分别用直线连起来，就形成了一个上升的楔形（如图 2-13）。

上升楔形通常拖延 3~6 个月，并向投资者发出一个警示——市势正在逆转中。在上升楔形形成过程中，成交量不断减少，整体呈现价升量减的反弹特征。

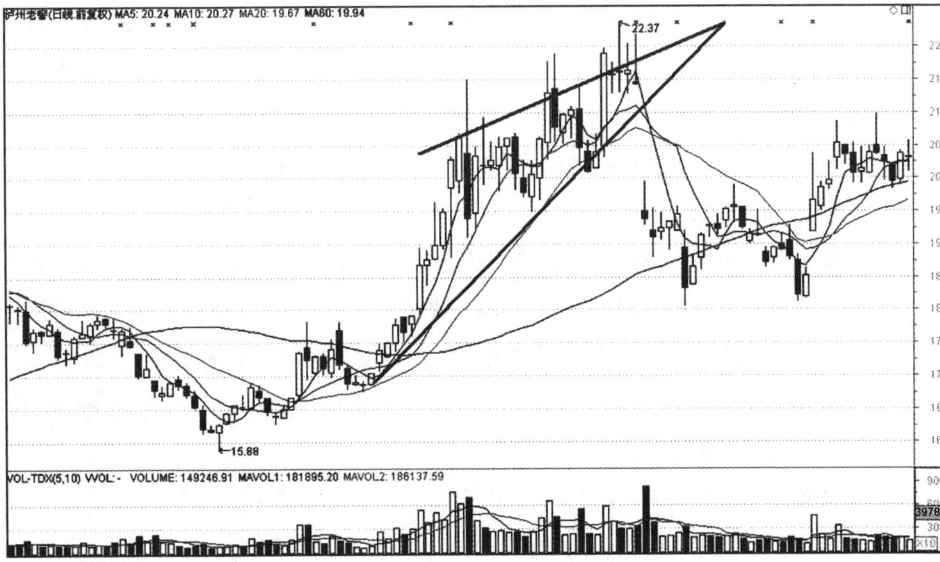

图 2-13　上升楔形

在上升楔形中，价格上升，卖出压力亦不大，但投资者的兴趣却逐渐减少。价格虽出现上扬，可是每一个新的上升波动都比前一个弱。最后当需求完全消失时，价格便反转回跌。因此上升楔形表示股价渐次减弱的情况，当其下限跌破后，就是沽出信号。

卖赚宝典

需要注意的是，上升楔形向下突破时，可有大成交量，也可以没有大成交量，投资者应采取破位即了结的原则。

随着股价逐渐向楔形顶部靠近，成交量会越来越少。这种价升量减的量价背离现象，本身已经说明股价升势不可能持久。短线操作者发现成交量越来越少时，就应该逢高卖出手中筹码，不必再等楔形向下突破。

信号048 下降矩形向下突破的卖出信号

在下降趋势中，股价下降到一定程度之后，开始在一个很小的幅度内上下波动，震动的幅度极小，每一个震动的高点很接近，每一个震动的低点也很接近。将所有震动的高点与所有低点连接起来，得到的形状很像一个矩形。如果股价最终选择向下突破，这样的组合形态就称为矩形向下突破（如图2-14）。

矩形走势初成时，表示双方全力交战，在庄家撑持下，双方互不相让。达到某价格时，股票持有者抛出，回落至某一低位时抢进。久而久之，市场价格形成很明显的上下界限，买卖双方战斗渐趋平淡。下跌趋势里，经过盘局后，股价将突破矩形下界线继续下跌。此图形是投资者卖出信号之一。

在操作时，投资者应注意以下几点。

（1）从成交量来研判下降趋势中矩形充当持续形态的可能性大小。如果在下跌时成交量较大，那么充当持续形态的可能性较大。如果上冲

图 2-14 下降趋势中矩形向下突破

时成交量较大，下跌时的成交量较小，则要警惕出现底部形态的可能性。

（2）与别的大部分形态不同，矩形为我们提供了一些短线炒作机会。在矩形形成的初期，如果能够预计到股价将按矩形进行调整，那么就可以在矩形的下界线附近买入，在矩形的上界线附近抛出，来回作几次短线进出。如果矩形的上下界线相距较远，那么这种短线操作的收益也是相当可观的。

（3）在下降趋势中，当股价决定性地跌破矩形的下界线时，应视为下降趋势恢复的信号。突破后反弹至下界线的点，均为卖出平仓的最佳时机。

（4）矩形被有效突破后，也具有测算意义。矩形向下跌破后的目标价位，等于矩形盘整区的高度。面对突破后股价的反扑，矩形的上下界线同样具有阻止反扑的作用。

（5）矩形盘整的时间可能会比较长，通常为 1~3 个月。

（6）在投机性较浓的股票市场里，矩形整理形态大多出现在下跌行情中。矩形面积越大，越不易上升，因而股市中有“久盘必跌”之说。

卖赚宝典

矩形向下突破，在正式突破之前横向整理时，股价被上轨和下轨限制在一定的幅度内来回波动，上档有沉重的压力，下档有强劲的支撑，股价始终保持在矩形内运行。这个时候，投资者应以观望为主，没有参与的必要。

如果在某一个交易日股价忽然跌破了下档支撑线，说明此时多方已经放弃努力，股价将会继续原来的下降走势。一旦盘面出现这样的情形，投资者应坚决卖出。

信号049 下降三角形向下突破的卖出信号

下降三角形是在下降趋势中途比较常见的整理形态，它是股价经过前期较大幅度的下跌之后，进入整理阶段形成的。

股价波动的高点是一个低过一个，低点约在同一水平线上受支撑，从而形成顶线下降，底线大约水平的三角形波动区域。最后股价在三角形末端向下跌破支撑线，从而进入新的一波下跌行情（如图 2-15）。

下降三角形显示买卖双方在该范围内的较量，但卖方力量在争持中稍占上风。

看淡的一方不断地增强沽售压力，股价还没回升到上次高点便再次沽出。看好的一方则坚守某一价格防线，股价每次回落到该水平便获得支撑。此外，该形态的形成亦可能是庄家在托价出货，直到货源沽清为止。

下降三角形低点呈水平线，高点不断下移形成一条下倾线，显示抛压不断加强。一旦水平线跌破，应立即卖出。在完成整个形态的过程中，成交量一直是十分低沉的。

下降三角形必须有两条聚拢的直线，即颈线。上面的由左向右下方

图 2-15　下降三角形向下突破

倾斜的颈线起压力作用，下面的水平颈线起支撑作用。股价在两条直线内应有至少四个以上的转折点，即两个短期高点和两个短期低点。股价向上遇到颈线掉头向下，遇到水平颈线转身向上。

下降三角形的突破不一定发生在顶点位置。与对称三角形和上升三角形有区别的是，下降三角形不要求突破支撑颈线的位置在三角形横向宽度的 1/2 到 3/4 位置。当发展到下降三角形尾端才向下突破时，股价仍然会向下跌落，因为在空头市场中，多头无法有效凝聚做多力量，股价可以毫无理由地下跌。

在操作时，投资者应注意以下几点。

（1）下降三角形属于一种整理形态。一般为下降趋势中的短暂停留，暗示向下突破。下降三角形下部水平支撑位被突破时，发出了一个短期的卖出信号。

（2）在下降三角形形态被突破后，其价格也会有回抽的过程，回抽高度一般就在水平颈线附近。这是由于价格向下突破，原水平支撑变为水平压力。在此位置，获利盘与逃命盘涌出，价格将会继续大幅下跌。

（3）下降三角形向下突破时，一般不需要成交量放大的配合。在整个形态的形成过程中，成交量一直表现得比较低迷。

（4）下降三角形向下突破，能够很好地预测未来的股价走势。一旦下降三角形向下突破支撑线时，应及早卖出股票，减少损失。

卖赚宝典

在下降三角形内，股价下降的动力强于上升的动力，卖方比买方更为积极。由于多头力量逐步减弱，最终支撑不住空头的打压，结果以大阴线或跳空向下跌破三角形下边线，标志着跌势开始。

对于短线投资者来说，下降三角形的出现是典型的卖出信号，一定要坚决清仓退出。

信号050 下降旗形向下突破的卖出信号

在股价向下运行的趋势中，K线下行的轨迹好像一根旗杆，然后股价开始反弹整理。将股价整理的高点与高点相连，低点与低点相连，刚好形成平行斜向右上方的旗帜形状，称为下降旗形（如图2-16）。

下降旗形的市场含义如下。

股价经过连续下跌，庄家在低位出货不划算。加上跌势中投资者不愿接货跟进，因而庄家会强拉股价，制造底部抬高的上升假象，引诱投资者买入股票。但由于市况向淡，投资者信心不足，成交量并不能有效放大，加上庄家最终的做空行为，使得股价整理后继续下跌。

在操作时，投资者应注意以下几点。

（1）由于下降旗形是股价长期下降通道中途的一种短期抵抗整理形态，因此可能是投资者卖出股票的一次机会。一般而言，空仓的投资者应以观望为主，尽量不做短线，更不宜做中长线投资。已经买入或套牢

图 2-16 下降旗形

的投资者，应抓住这次整理机会，趁早逢高卖出股票。

（2）当下降旗形放量向下突破旗形的下边支撑线时，是明显的卖出时机，投资者应及时卖出股票，以减少损失。

（3）如果在熊市末期出现下降旗形走势，突破时成交量放大，可是价格下跌的幅度并不大，投资者就要当心了。

（4）下降旗形整理的时间周期不会很长。在熊市里，整理时间一般不会超过 20 天，大多是 10 天左右。

（5）在旗形形成之前和突破之后，下降旗形整理形态成交量可能比较大。在旗形形成过程中，成交量从左向右逐渐减少。

卖赚宝典

由于下降旗形整理是股价走熊的一种表现，因此在下降旗形整理形态形成后，不可轻易建仓。要到股价达到下降旗形向下突破的跌幅后，才可以考虑短线操作。

下降旗形整理形态还可以参照均线理论一起研判，这样可以减少研判失误。

信号051 缺口向下突破的卖出信号

突破缺口是指行情向某一方向急速运动，脱离原有的形态形成缺口。突破缺口的出现，预示着后市将会出现一波爆发性的行情，因此针对突破缺口的分析意义很大（如图 2-17）。

图 2-17 缺口向下突破

突破缺口的出现有两种情况，一是向上突破缺口，二是向下突破缺口。

向下突破缺口是指市场上升趋势结束，空方力量在顶部蓄势达到超过多方力量时，指数或股价在竭尽缺口上方迅速反转，向下跳空而形成缺口。

向下突破缺口是下跌趋势形成的标志。该缺口的特点是：向下突破时成交量明显增大，且缺口没有封闭。由于行情的下跌力量往往比较凶猛，所以一旦形成向下突破缺口，杀伤力就会比较大，应该引起足够的重视。

在操作时，投资者应注意以下几点。

（1）向下突破缺口表示做空能量积聚，是典型的卖出信号。

（2）出现向下突破缺口，说明市况已经发生逆转，原来的升势已经结束，接下来将是一轮跌势，而且这个跌势才刚刚开始，下跌的空间还很大。投资者见到向下突破缺口时，应及时做空，尽量做到退出观望。

（3）向下突破缺口若在短期内被多方封闭，则有可能出现有利于多方的上升和盘局走势。这时投资者不能再盲目看空，可采取一种谨慎看多的姿态参与运作。

卖赚宝典

当出现向下突破缺口后，如果投资者持有多单，应立即果断地止损，并反手做空；如果持有空单，则可继续加码卖出，并中线持有，以缺口作为风险控制的止损价位。

一旦形成向下突破缺口，行情走势必将向纵深发展，踏上不归的熊途路。

第三章

掌握技术指标确认的卖出信号

信号052 运用W%R指标确认卖出信号

W%R 指标又名威廉指标，由威廉（Larry William）在 1973 年发明，是目前股市技术分析中比较常用的短期研判指标。W%R 指标是一个随机性很强的波动指标，属于分析市场短线买卖走势的技术指标。W%R 指标利用振荡点来反映市场超买超卖现象，预测循环周期内的高点和低点，从而提供有效的信号来分析市场短期行情走势，判断股市强弱分界。

1. W%R 指标改进与计算

任何技术指标都有自己的优缺点，W%R 指标自然也不例外。为了改进 W%R 指标的缺陷，但又不失该指标的原有特性，最佳方案是设置三条 W%R 指标线。这三条线的参数分别设置为 13、34、89。根据参数的不同，分别设置成短线 13 日 W%R、中线 34 日 W%R、长线 89 日 W%R。

其计算公式如下：

13 日 W%R = -100×（13 天内最高价-当日收盘价）÷（13 天内最高价-13 天内最低价）

34 日 W%R = -100×（34 天内最高价-当日收盘价）÷（34 天内最高价-34 天内最低价）

89 日 W%R = -100×（89 天内最高价-当日收盘价）÷（89 天内最高价-89 天内最低价）

2. 运用 W%R 指标确认卖出信号

W%R 指标是以 N 日内市场空方的力道（H-c）与多空总力道（H-L）之比来研判市势强弱。投资者可以运用该指标研判卖出时机，确认卖出信号。

（1）0≤W%R≤100。W%R 以研究空方力道为主，这与其他相似的震荡性指标以研究多方力道为主恰好相反，因此 W%R 80 以上为超卖区，20 以下为超买区。由于其随机性强，进入超买区时，并不表示价格会马上回落，只要仍在其间波动，则仍为强势。当高出超买线（W%R=20）时，才发出卖出信号（如图 3-1）。

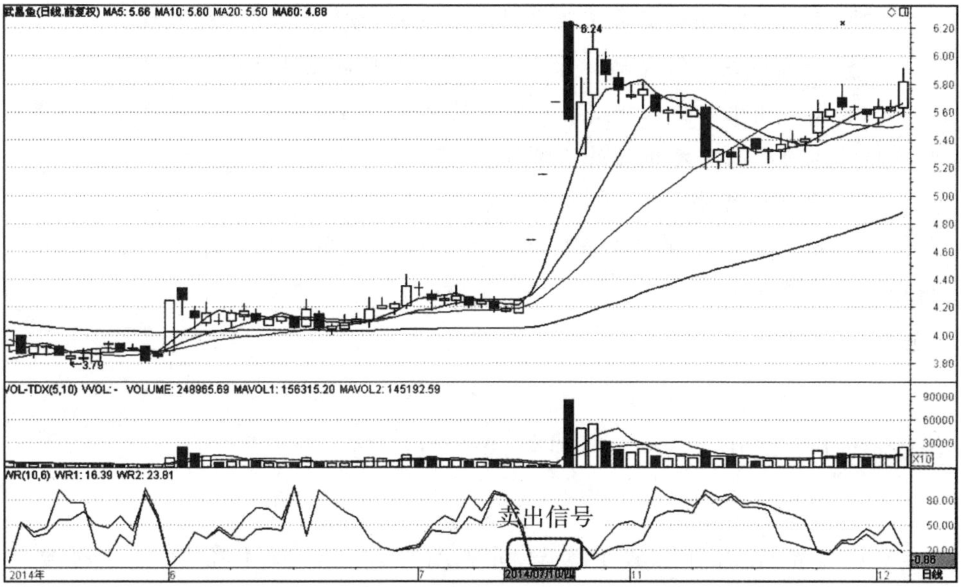

图 3-1　威廉指标卖出信号

（2）短线投资者可以将 W%R 与 KDJ 指标一起使用。通常情况下，W%R 先于 KDJ 指标。也就是说，当 W%R 发出卖出信号（值为 0）时，KDJ 指标还没有发出卖出信号（J 值为 100），所以短线投资者在 W%R 发出卖出信号时，就要时刻准备卖出。另外，具体卖点要用 5 分钟 KDJ 及 W%R 确定。

（3）W%R 指标 34 日线到达+0 时的当日或次日，往往是短线甚至是中线卖出的最佳时机。

卖赚宝典

用W%R指标确认卖出信号时，个股必须符合以下几个方面的条件。

(1) 个股必须走在上升通道中，越陡峭越好。

(2) 个股必须经过多次震荡向上过程或较长时间横盘震荡整理。

(3) 股价经过连续大幅拉升之后，价位已脱离箱体上部较远区域。

(4) K线图上拉出长阳，成交量同比放大，当日在较高点收盘，次日开盘较短时间内冲高是卖出的最佳时机。

(5) 次日股价冲高时，W%R指标拐头向下运行。

(6) 按上述条件使用W%R指标成功概率较高，当然同时应参考其他指标。

信号053 运用MACD指标确认卖出信号

MACD指标又叫指数平滑异同移动平均线，是由查拉尔·阿佩尔（Gerald Apple）创造的，从双移动平均线发展而来，由快的移动平均线减去慢的移动平均线。

MACD的意义和双移动平均线基本相同，是一种研判股票买卖时机、跟踪股价运行趋势的技术分析工具。它根据均线的构造原理，对股票价格的收盘价进行平滑处理，求出算术平均值以后再进行计算，是一种趋向类指标。

MACD作为一种技术指标，不仅仅具有捕捉上涨点的功能，也是最有效、最常用的确认卖出信号的工具之一。在实战中，投资者可以借助MACD捕捉到最佳卖点，成功确认卖出信号。

投资者运用MACD指标，可以按照以下方法捕捉最佳卖点。

1. 第一卖点或称相对顶

这种方法是指股价经过大幅拉升后开始横盘，从而形成一个相对高点。投资者尤其是资金量较大的投资者，必须在第一卖点出货或减仓。

判断第一卖点成立的技巧是“股价横盘，MACD 死叉卖出”。也就是说，当股价经过连续上涨出现横盘时，5 日、10 日移动平均线尚未形成死叉，但 MACD 率先死叉，死叉之日便是第一卖点出现之时，应该卖出或减仓（如图3-2）。

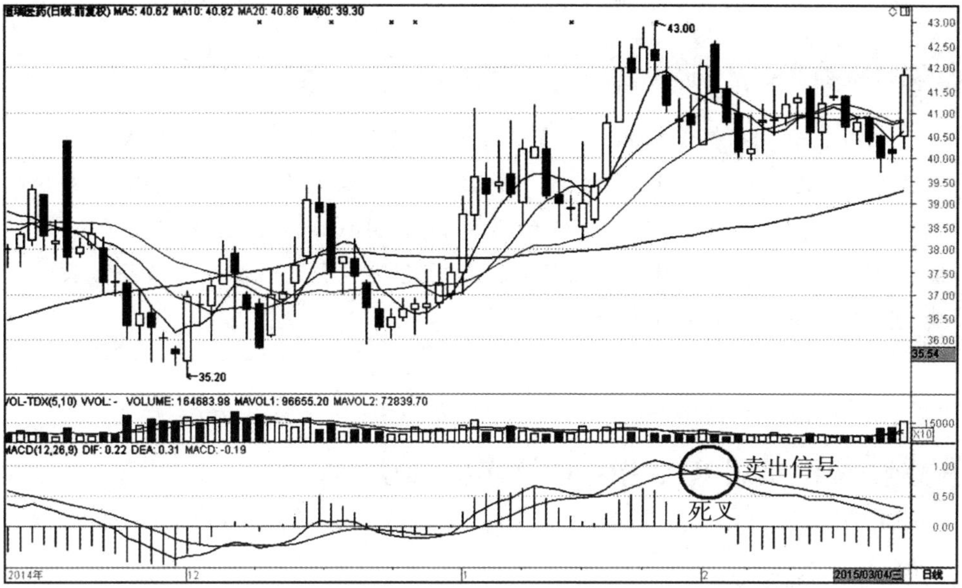

图 3-2　MACD 第一卖点

2. 虚浪卖点或称绝对顶

有些股票形成第一卖点之后，并没有出现大跌，而是在回调之后为掩护出货假装向上突破。多头主力做出货前的最后一次拉升，又称虚浪拉升，此时形成的高点往往是一波牛市行情的最高点，所以又称绝对顶。如果此时不能顺利出逃的话，后果不堪设想。

投资者可以通过“价格、MACD 背离卖出”来判断绝对顶成立，即当股价进行虚浪拉升创出新高时，MACD 却不能同步创出新高，二者走势产生背离，这是股价见顶的明显信号。必须说明的是，在绝对顶卖出股票时，决不能等 MACD 死叉后再卖，因为当 MACD 死叉时，股价已经下跌了很多。在虚浪顶卖股票，必须参考 K 线组合。

一般来说，在虚浪急拉过程中如果出现“高开低走阴线”或“长下影涨停阳线”时，是卖出的极佳时机。另外，投资者一定要注意，以上两点大都出现在股票大幅上涨之后。也就是说，它出现在股票主升浪之后。如果一只股票尚未大幅上涨，还没有出现过主升浪，则该方法无效。

卖赚宝典

运用 MACD 捕捉最佳卖点，首先要调整其有关参数：快速 EMA 参数设定为 8，慢速 EMA 参数设定为 13，将 DIF 参数设定为 9。移动平均线参数分别为 5、10、30。最后需要提醒的是，由于 MACD 指标具有滞后性，用 MACD 寻找最佳卖点或确认卖出信号，特别适合那些大幅拉升后做平台头的股票，不适合那些急拉急跌的股票。

信号054 借用 KDJ 指标确认卖出信号

1. KDJ 指标的定义

KDJ 指标又叫随机指标，是由乔治·蓝恩博士（George Lane）最早提出的，是一种相当新颖、实用的技术分析指标。它最早用于期货市场分析，后被广泛用于股市中短期趋势分析，是期货和股票市场上最常用的技术分析工具。

随机指标 KDJ 是根据统计学原理，通过一个特定的周期（常为 9 日、9 周等）内出现过的最高价、最低价及最后一个计算周期的收盘价，以及这三者之间的比例关系，计算最后一个计算周期的未成熟随机值 RSV，然后根据平滑移动平均线的方法来计算 K 值、D 值与 J 值，并绘成曲线图来研判股票走势。

KDJ 指标是以最高价、最低价及收盘价为基本数据进行计算的，得出的 K 值、D 值和 J 值分别在坐标上形成一个点。连接无数个这样的点，就形成一个完整的、能反映价格波动趋势的 KDJ 指标。

KDJ 指标主要利用价格波动的真实波幅来反映价格走势的强弱和超买超卖现象，在价格尚未上升或下降之前发出买卖信号。

KDJ 指标在设计过程中主要是研究最高价、最低价和收盘价之间的关系，同时也融合了动量观念、强弱指标和移动平均线的一些优点，因此能够比较迅速、快捷、直观地研判行情。

2. KDJ 指标的计算方法

KDJ 指标的计算比较复杂，下面一步一步来介绍。

首先计算周期（n 日、n 周等）的 RSV 值，即未成熟随机指标值，然后再计算 K 值、D 值、J 值等。

下面以日 KDJ 数值为例来说明，其计算公式为：

n 日 RSV=（Cn−Ln）÷（Hn−Ln）×100

公式中，Cn 为第 n 日收盘价；Ln 为 n 日内的最低价；Hn 为 n 日内的最高价。RSV 值始终在 1~100 间波动。

其次，计算 K 值与 D 值。

当日 K 值=2/3×前一日 K 值+1/3×当日 RSV

当日 D 值=2/3×前一日 D 值+1/3×当日 K 值

若无前一日 K 值与 D 值，则可分别用 50 来代替。

丁值=3×当日 K 值−2×当日 D 值

以 9 日为周期的 KD 线为例来说明。

首先须计算出最近 9 日的 RSV 值，即未成熟随机值，计算公式为：

9 日 RSV=（C9−L9）÷（H9−L9）×100

公式中，C9 为第 9 日的收盘价，L9 为 9 日内的最低价，H9 为 9 日内的最高价。

K 值=2/3×第 8 日 K 值+1/3×第 9 日 RSV

D 值=2/3×第 8 日 K 值+1/3×第 9 日的 K 值

J 值=3×第 9 日 K 值−2×第 9 日 D 值

若无前一日 K 值与 D 值，则可以分别用 50 来代替。

3. KDJ 指标见顶卖出信号

可以从 KDJ 指标的“金叉”“死叉”、KDJ 曲线所处的位置和 KDJ 曲线运行方向等三个方面来进行研判。下面以分析家软件上的日参数为（89，9，12）的 KDJ 指标为例，来揭示 KDJ 指标的卖出信号。

（1）当周线和日线 KDJ 同时在 20 以下金叉时，则重仓持有，中线持仓，一直持有到日 KDJ 死叉卖出。

（2）当股价经过前一段长时间的上升行情后，股价涨幅已经很大的情况下，一旦 J 线和 K 线在高位（80 附近）几乎同时向下突破 D 线，同时股价也向下跌破中短期均线时，则表明股市即将由强势转为弱势，股价将大跌。这就是 KDJ 指标的一种“死叉”，即 80 附近的高位死叉。此时投资者应及时卖出大部分股票（如图 3-3）。

（3）周 KDJ 低位金叉时，此时月 KDJ 方向朝下，则只有反弹行情。

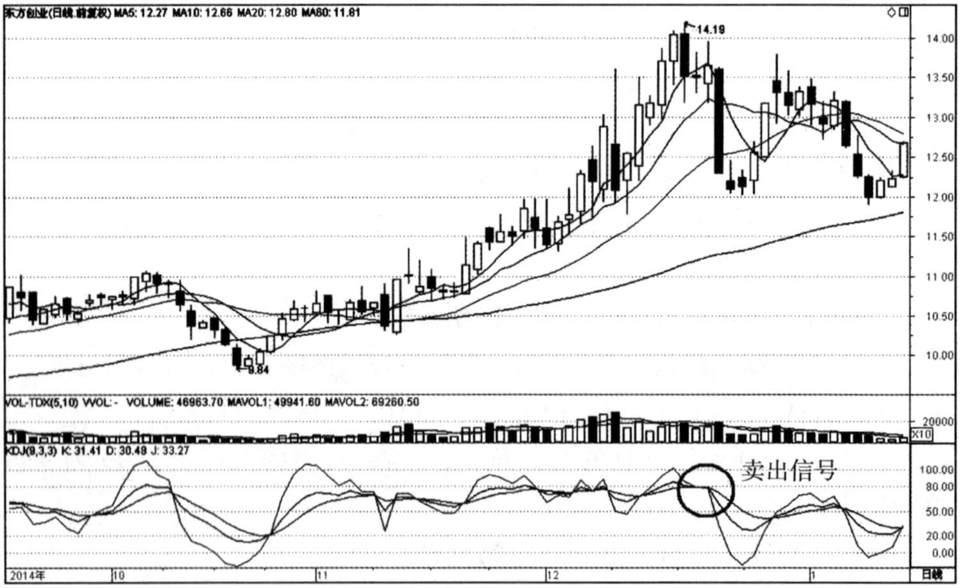

图 3-3 KDJ 指标死叉提示卖出信号

如果日 KDJ 低位金叉朝上，则反弹力度较大，可用30%资金参与短线操作。一旦日 KDJ 的 J 线向下死叉 80 或死叉 KD 值，临盘必须不计盈亏，坚决果断出局。

（4）股价经过一段较长时间的下跌后，向上反弹的动力缺乏，长期均线对股价形成较强的压力。此时 KDJ 曲线经过短暂反弹，但未能重返80线以上。当 J 线和 K 线在 50 附近再次向下突破 D 线，同时股价被中短期均线压制下行时，表明股市进入极度弱市中，股价还将下跌。这是 KDJ 指标“死叉”的另一种形式，即 50 附近的中位死叉。此时可以卖出余下股票或观望。

（5）KDJ 在 70 以上或 80 以上金叉时，可能为短暂洗盘后的快速拉升，庄家有拉高出货的嫌疑，宜快进快出。若根据 30 分钟或 60 分钟 K 线及指标系统，符合卖出条件的则速出，仓位控制在半仓以内，以 1/3 的仓位为好。

卖赚宝典

投资者运用 KDJ 指标确认卖出信号时，要注意该指标周期越小，波动越大，稳定性越差。KDJ 指标周线和月线的周期特别清晰。当收盘价跌破 MA5 时，一般在 80 以上区域的死叉即为卖点。

日线一般要在 80 以上区域死叉后，再形成顶背离才会下跌。月线级别的卖点几年才有一次机会，周线级别的卖点一年大约有一到两次机会，日线卖点出现的频率相对较多，但是稳定性要打折扣。

在运用 KDJ 指标的时候，最好能与均线、量价及其他指标一起综合使用，效果会相当好。

信号055 运用 ADR 指标确认卖出信号

ADR 指标又叫涨跌比率指标或上升下降比指标，其英文全称是“Advance Decline Ratio”，是专门研究股票指数走势的中长期技术分析工具。投资者可以根据ADR的特点判断顶部是否到来，并及时卖出股票。

（1）当ADR数值大于1.5时，表示大势经过长期上涨，已经出现超买现象，很多股票价格可能已经上涨过度，将会出现一轮幅度较大的下跌行情，投资者应及时卖出股票或持币观望。

（2）当大盘经历一年以上的牛市上涨行情后，如果ADR曲线已经开始在1值线的上方向下调头，一旦ADR曲线向下突破1值线，并且大盘指数曲线已经向下突破了中长期均线时，则意味着大盘牛市行情结束，市场人气开始涣散，这是ADR指标发出的牛市转熊市信号（如图3-4）。此时，投资者应及时卖出持有的所有仓位。

图3-4 ADR卖出信号

（3）当ADR数值在1.5以上时，表示大势处于大多头市场的末期，市场上出现了严重的超买现象，很多股票的价格已经涨幅过大，将面临一轮比较大的下跌行情，此时投资者应及时卖出持有的股票。

（4）当 ADR 曲线向下突破 1 值线，并已经确认了牛熊转换的熊市反转趋势后，只要 ADR 曲线始终运行在 1 值线以下，同时大盘指数曲线也被中长期均线压制下行时，则意味着大盘仍旧处于一轮大的熊市行情之中，这是 ADR 指标发出的熊市持续信号。此时投资者最好还是置身股市之外，切莫盲目买卖个股或持股。

卖赚宝典

ADR 指标是综合一定时期内股市中全部股票的涨跌家数来研判股市总体发展趋势的，其构造比较简单，在多头或空头市场中有不同的分析方法。

它的研判主要集中在 ADR 曲线与 1 值线之间的关系、运行方向，以及 ADR 曲线与股价综合指数曲线的配合等方面。

信号056　运用 RSI 指标确认卖出信号

RSI 指标（相对强弱指标）是技术指标中的一种。RSI 指标理论认为，任何市价的大涨或者大跌，均在 0~100 之间波动。RSI 值永远介于 1 与 100 之间。

该指标一共考虑了价格变动的四个因素：上涨的天数、下跌的天数、上涨的幅度以及下跌的幅度。正因为它对价格的四个构成要素都予以考虑，所以在价格趋势预测方面，其准确度相当高。

投资者可以从以下几点来判断卖出时机。

（1）当市场经过一段上涨行情，RSI 也随之从低位持续涨至 80 以上之后，如果从该高位向下跌破 40 并获得确认，则表明空头力量重新占据上风。一般情况下，当其再次反弹到 40 至 60 之间整理后，仍会继续向下变动（如图 3-5）。

图 3-5 RSI 指标卖出信号

（2）在一个上升趋势当中，股价先创出一个新高点，这时 RSI 指标也相应地在 80 以上创出一个新高点，之后股价出现一定幅度的回落，RSI 也随着股价的回落走势出现调整。但是如果之后股价再度冲高，并且超越前期高点，RSI 虽然随股价继续上扬，但是并没有超过前期高点，这就形成 RSI 的顶背离。RSI 出现顶背离后，股价见顶的可能性较大。

（3）大势转强后，RSI 图形中各回档低点一般呈一底高于一底的走势。连接两个相邻低点并向右上方延伸，会形成一条上升支撑线。若上升支撑线角度不是太陡，其支撑作用将十分有效，空头的反击一般难以突破此支撑线。一旦该线被跌破并在其下方站稳，则表明大势将转弱。

（4）RSI 上破 80 之后，如果股价下调盘整，RSI 收在 80 之下。股价重拾升势后，RSI 拒绝上行，并呈逐波下降趋势。那么在短期上冲之后，股价将逐波下行。

（5）一般而言，RSI 无力突破原高点为卖出信号。RSI 值一直处于 80 以上，而价格未跌破 10 日均线，仍可继续持仓，否则视为跌破上升趋势，应立即卖出。整理期间，RSI 一底比一底低，是多头气势转弱的信号，表明下跌可能性大，是卖出时机。

（6）在多头行情中，RSI 即使达到 80 以上，仍然有持续上涨的可能，必须辅以移动平均线等其他技术分析指标，方能研判是否已到卖出时机（如图 3-6）。价格创新高点后继续上涨，3 日内 RSI 无力突破先前高点，甚至有背离现象，视为多头拉升无力，为卖出时机。

图 3-6 RSI 指标

（7）在实际的条形图上，头部形成一头比一头高，而 RSI 的曲线却出现一头比一头低的情形时，即为“背离信号”。这种背离显示价格虚涨，通常是大反转下跌的前兆。

（8）也可结合快速与慢速两条 RSI 来确定买卖时机。当 6 日 RSI 线向下跌破 12 日 RSI 线时，为卖出时机。尤其是 RSI 处于 30 以下发出的买入信号与 70 以上发出的卖出信号，都极为可靠。

卖赚宝典

RSI 的突破点一般提前于大盘，不会发生滞后。RSI 多用于周线上，选择连点时，应尽量选择明显的拐点。投资者可以通过连接两个低点形成支撑线，当 RSI 值跌破支撑线时卖出。

从短线角度看，RSI 上破 80 即可卖出。但什么时候收回，什么价位收回，则比较难以把握。因为后面股价往往还有一个冲高的过程，不收回有点可惜。利用背弛信号把握卖点，着眼点是在中线。

信号057 利用 SAR 指标确认卖出信号

SAR 指标又叫抛物线指标或停损转向操作点指标，是由美国技术分析大师威尔斯·威尔德（Wells Wilder）创造的，是一种简单易学且判断比较准确的中短期技术分析工具，该指标主要用于控制交易风险。

SAR 指标有两层意思：一是停损、止损，二是反转、反向操作。随着股价逐步上涨，SAR 指标上升的速度会加快。一旦股价上涨的速度跟不上 SAR 指标，或者股价反转下跌，SAR 指标都会紧紧地盯着。一旦股价跌破 SAR 指标，就是平仓出货的最佳时机。盘整时该指标无效。

由于 SAR 指标简单易懂，操作方便，稳重可靠，买卖点明确，出现买卖信号即可进行操作。投资者长期使用 SAR 指标，虽不能买进最低价，也不能卖出最高价，但可以避免长期套牢的危险，同时又能避免错失牛股行情，特别适合于入市时间不长，投资经验不丰富，缺乏买卖技巧的中小投资者使用。

SAR 指标用红色圆圈和绿色圆圈表示。

红色圆圈：当股价运行在 SAR 曲线上方时，表明当前股价处于连续上涨趋势之中，这时 SAR 指标的圆圈就以红色表示，意味着投资者可以继续持有股票。

绿色圆圈：当股价运行在 SAR 曲线下方时，表明当前股价处于连续下跌趋势之中，这时 SAR 指标的圆圈就以绿色表示，意味着投资者应以持币观望为主，直到 SAR 指标再度发出明确的买入信号。

根据 SAR 指标选择卖点的具体操作如下。

（1）当股价从 SAR 曲线上方开始向下突破 SAR 曲线时，一旦股价跌破 SAR 指标，使 SAR 曲线由向上的红圆圈变成向下的绿圆圈，这是 SAR 指标发出的卖出信号，预示一轮下跌行情可能展开，投资者应迅速卖出股票（如图 3-7）。

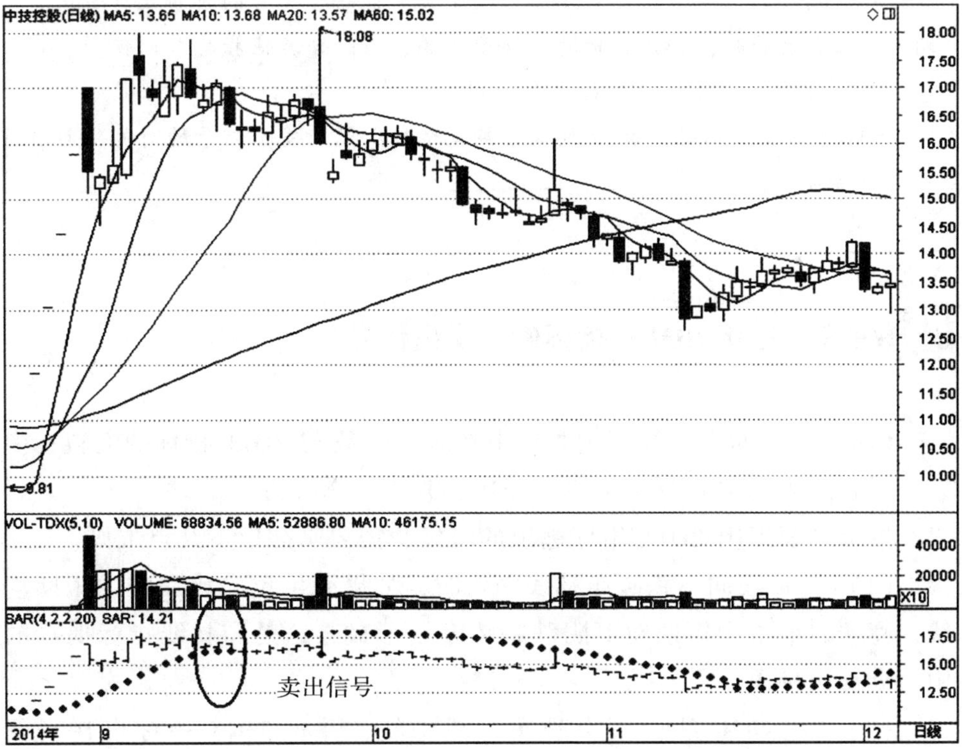

图 3-7　SAR 指标

（2）SAR 曲线向上运行的角度大于 45 度时，如果 SAR 曲线已经向上运行了很长一段时间，并且股价短期内涨幅过大，说明多方力量消耗过大，股价将随时可能反转向下。此时，投资者应密切关注 SAR 曲线的走势，一旦 SAR 指标发出明显的卖出信号，就应坚决清仓离场。

（3）SAR 翻绿时，乖离率过大且中短线跌幅已大的个股，在股价相对接近空头 SAR 指标时减磅止损。

（4）当股价向下突破 SAR 曲线后继续向下运动，SAR 曲线也同时向下运动，表明股价下跌趋势已经形成，SAR 曲线对股价构成巨大的压力，投资者应坚决持币观望或逢高减磅。

卖赚宝典

SAR 指标的时间与价差观念相对实用，它能给予充分的时间让价位进行调整。但在盘局时，SAR 指标的失误率较高，应配合其他指标加以使用，以提高其有效性，如与 DMI 指标配合使用。

SAR 指标反映了股价的长期或中期走势，所以在发出信号的时间上存在一定的滞后性。

信号058 运用 BOLL 指标确认卖出信号

BOLL 指标的实战技巧主要集中在股价 K 线与 BOLL 指标的上轨、中轨、下轨之间的关系及布林线的开口和收口状态等方面。

投资者要运用 BOLL 指标逃顶的时候，需要掌握以下几点准则。

（1）当 K 线向下跌破布林线中轨时，如果股价也先后跌破中短期均线，意味着股价中短期向下阴跌趋势开始形成，这是布林线指标揭示的中短期卖出标志。

（2）当股价 K 线向下突破布林线中轨，并且 TRIX 指标也在高位“死叉”时，说明股价即将进入一个中长期下降通道之中，这是 BOLL 指标发出的卖出信号，此时投资者应尽早清仓离场。

（3）收口型喇叭口形态的确立，以股价上轨线开始掉头向下，股价向下跌破短期均线为准。出现收口型喇叭口形态，投资者如能及时卖出，则能保住收益，减少较大的下跌损失（如图 3-8）。

图 3-8 BOLL 指标

（4）当布林线轨道很长一段时间在高位窄幅水平运动后，一旦股价 K 线向下突破布林线下轨，同时原本狭窄的布林线通道突然开口向下，说明股价即将脱离原来的水平运行通道，进入新的下降通道之中，这也是 BOLL 指标发出的卖出信号。

（5）当 K 线从布林线中轨上方向下突破布林线中轨时，预示股价前期的强势行情已经结束，股价中期下跌趋势已经形成，投资者应中线卖出股票。如果布林线的上轨、中轨、下轨线也同时向下，则更能确认。

（6）当布林线的上轨、中轨、下轨线同时向下运行时，表明股价弱势特征非常明显，股价短期内将继续下跌，投资者应坚决持币观望或逢高卖出。

卖赚宝典

投资者运用30分钟BOLL逃顶时，要注意如下几点。

（1）突破30分钟BOLL上轨，且随后不创新高，不要急着出货。直到创新高后开始下探，这时候要引起注意。

（2）向上诱多不创新高，走出一个头部，然后开始暴跌。在运用的时候，要联系全局来看，当同一时期内大量股票走出类似趋势，那么就应该注意大盘动向了。

信号059 运用宝塔线确认卖出信号

宝塔线指标以不同颜色的棒线来区分股价（或指数）涨跌，以收盘价（或收盘指数）作为参照。当股价上涨时，画为红线（或阳线）；当股价下跌时，画为绿线（或黑线）。

该指标主要通过棒线翻红或翻绿的变化情况来研判股价未来的涨跌趋势（如图3-9）。

运用宝塔线逃顶卖出要掌握以下几点。

（1）当宝塔线维持白色棒线状态的时间很长，并且价格短期内涨幅已经很大时，投资者应密切关注宝塔线的状态。一旦宝塔线的白色棒线开始进入翻黑状态时，说明价格短期涨势可能结束，投资者应反手做空。

（2）三平头翻阴。配合叠加KDJ指标也出死叉，当遇到这种形态，必定会下跌。出现这种形态时一般会有先兆，即持续上升的方块一个比一个小，白色趋势线逐渐走平调头。如果调出60分钟K线图看，立刻

图 3-9 宝塔线

就能判断出股价将持续下跌，从而决定自己必须全部清仓。

（3）在价格下跌途中，只要宝塔线的黑色棒线一直持续出现，说明价格一直维持弱势下跌的态势，投资者应坚决卖出。

（4）当价格维持高位盘整，一旦出现实体很长的黑色棒线向下突破盘整区间时，说明价格高位盘整的态势已经结束，将进入一个较长时间的下跌行情，投资者应及时卖出。

（5）下面所说的几种个股，可以利用三平顶翻黑（绿）的情况卖出：A. 中短线波段累计涨幅大的个股；B. 对 180%~200%以上的换手，波段升幅在 35%以上的牛股，或 50%~80%以上换手率的反弹热门股，一旦宝塔线三平即离场出逃；C. 有主力对倒的诱多盘口特征，若再出现三平顶翻黑，当坚决出场以规避风险；D. 在调整市中，若出现受中期 20~40 天均线压制的个股，在反弹高点出现三平顶时可减磅。

（6）当价格在底部横盘很久后，突然出现一根实体很长的向上突破大阳线，如果宝塔线也出现实体较长的向上白棒线时，说明价格涨势开始确立，投资者可以及时买进。

（7）当价格经过一段时间的幅度较大的上涨行情后，如果K线在高位出现一根实体较长向下突破的阴线，宝塔线也出现一根实体较长的向下黑棒线时，说明价格跌势已经开始，投资者应及时卖出。

（8）当价格经过一段很大的涨幅后，在中高位区域滞涨盘整时，一旦宝塔线出现三平顶翻黑形态，并且价格也几乎同时向下跌破中长期均线，意味着一轮新的价格跌势开始，这是宝塔线指标发出的卖出信号。

卖赚宝典

投资者要注意，宝塔线的特征和点状图类似，并非记载每天或每周的股价变动过程，而是在股价创新高（或创新低）时才予以记录，这和K线的画法有一定的区别。

信号060 运用BIAS指标确认卖出信号

BIAS指标又叫乖离率或Y值，是测量股价偏离均线大小程度的指标。它是由移动平均原理派生出来的一种技术分析指标，表示计算期的股价指数或个股收盘价与移动平均线之间的差距，也是目前股市技术分析中一种短期、中期、长期皆可使用的技术分析工具（如图3-10）。

BIAS指标的功能在于测算股价在变动过程中与移动平均线的偏离程度，从而得出股价在剧烈变动时因偏离移动平均线过远而可能造成的回档和反弹。

计算公式如下：

Y值=（当日收市价-N日内移动平均收市价）/N日内移动平均收市价×100%

BIAS指标有三条指标线，其中N日为设置参数，可按自己选用的移动平均线日数设立。N的参数一般设置为6日、12日、24日，亦可按10日、30日、75日设定。

根据BIAS指标选择短线卖点的具体操作如下。

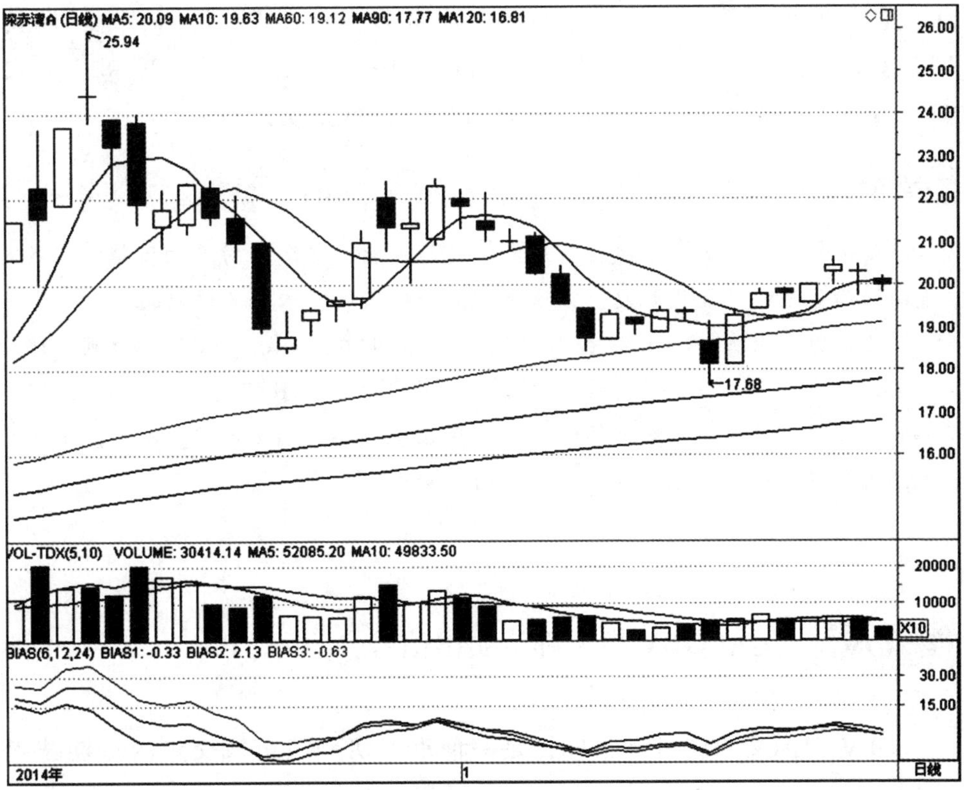

图 3-10　BIAS 指标

（1）若股价大于平均线，为正乖离率；股价小于平均线，则为负乖离率。当股价与移动平均线一致时，乖离率为 0。正乖离率越大，表示短期超买越大，越有可能见顶；负乖离率越大，表示短期超卖越大，越有可能见底。随着股价走势的强弱和升跌，乖离率周而复始地穿梭于 0 点上方和下方，其值的高低对未来走势有一定的测市功能。

（2）BIAS 指标表示收盘价与移动平均线之间的差距。正乖离率涨至某一百分比时，表示短期获利越大，则获利回吐的可能性越高；当股价的负乖离率扩大到一定极限时，则空头回补的可能性越高。

（3）对于 BIAS 值达到何种程度方为正确卖出点，不同市场、不同时期、不同周期即不同移动平均线算法得出的 BIAS 值是不同的。一般来说，在大势下跌的走势中，如遇正乖离率，可以待股价回升时出脱持股。具体买进卖出时机的数据为：A. 6 日 BIAS>+5%是卖出时机；B. 12 日 BIAS>+6%是卖出时机；C. 24 日 BIAS>+9%是卖出时机。

卖赚宝典

股价离均线太远，随时会有短期反转的可能。乖离率的绝对值越大，股价向均线靠近的可能性就越大，这是乖离率提供买卖依据的原因。

从市场经验看，10 日移动平均线作为基期效果较好。以下跌为例，10 日乖离率通常在-7%~-8%时开始反弹。考虑到这个数值的安全系数不高，一般情况下，更为安全的进场时机应选择在-10%~-11%之间。同样，出于稳健的考虑，短线上涨时可以在+8%附近卖出。

信号061 运用 OBV 指标确认卖出信号

OBV 指标又叫能量潮指标，是一种重点研判股市成交量的短期技术分析工具。

技术分析主要有三大要素：量、价、时间。OBV 能量潮指标就是从成交量这个要素作为突破口来发现热门股票。能量潮指标将成交量数量化，制成趋势线，配合股价趋势线，从价格变动及成交量的增减关系推测市场气氛，分析股票价格运动趋势。

OBV 指标的主要理论基础是市场价格的变化必须有成交量的配合，股价波动与成交量的扩大或萎缩有密切的关联。OBV 指标的内在本质是：量比价先行。这句话揭示了 OBV 指标的基本原理是基于股价变动与成交量值间的相关系数。成交量为股价变动的先行指标，短期股价波动受人气的影响，因此从成交量的变化可以预测股价的波动方向。

通常股价上升所需的成交量总是较大；下跌时，则成交量总是较小。价格升降而成交量没有相应升降，则市场价格的变动难以为继。

一般来说，只观察 OBV 指标的升降并无多大意义，必须配合 K 线图走势才有实际的效用。

根据 OBV 指标选择卖点的具体操作如下。

（1）股价上升而 OBV 线下降，表示买盘无力，股价可能回跌。

（2）OBV 线急速上升时，表明市场大部分买盘已全力涌进，但买方能量的爆发不可能持续太久，行情可能将会出现回档，投资者应考虑逢高卖出。

（3）OBV 线急速上升后不久，盘面上出现锯齿状曲线并有掉头向下迹象时，表明行情已经涨升乏力，行情即将转势，为更明显的卖出信号（如图 3-11）。这一点对于短期急升并且涨幅较大的股票研判更为准确。

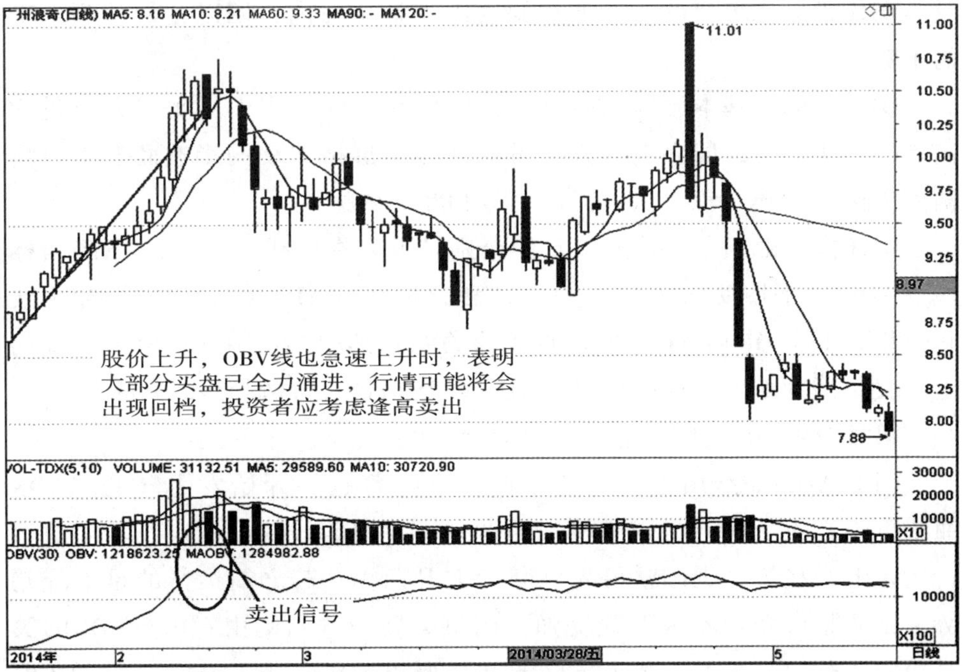

图 3-11　OBV 指标

（4）OBV 线缓慢下降而股价同步下跌时，表示行情逐步盘跌，长期投资形势不佳，股价仍有下跌空间，投资者应以卖出股票为主。

卖赚宝典

OBV线窄幅横向盘整，其波动幅度十分接近，几乎呈现一片直线或锯齿状的水平走势，时间达到一个月以上。不久，OBV线向下突破水平直线或锯齿状中的任一低点，为卖出信号，投资者应坚决清仓。

信号062 运用DMI指标确认卖出信号

DMI指标又叫动向指标或趋向指标，是一种中长期股市技术分析工具。DMI指标把每日的高低波动幅度因素计算在内，用以分析预测未来的走势。

DMI指标的基本原理是通过分析股价在涨跌过程中买卖双方力量均衡点的变化情况，即多空双方力量的变化受价格波动的影响而发生由均衡到失衡的循环过程，从而提供趋势判断的依据。

DMI指标由四条线构成，它们分别是上升指标线（+DI）、下降指标线（-DI）、平均动向指数（ADX）和评估线（ADXR）。DMI指标主要是分析+DI、-DI和ADX三条曲线的关系，其中+DI和-DI两条曲线的走势关系是判断出入市的信号，ADX曲线则是对行情趋势的判断信号。

根据DMI指标选择卖点的具体操作如下。

（1）ADX曲线由上升转为下降，意味着趋势开始发生转变。ADX曲线下降亦表示当前为强或较强的调整，要视曲线陡度而定。若之前运行的是上升趋势，则调整可先判断为上升回档；若之前运行的是下降趋势，则调整可先判断为下跌反弹。调整突破的方向则由+DI与-DI的关系决定。若-DI在上，则为下降趋势。所以-DI曲线上升并穿过+DI曲线是卖出信号。

（2）当DMI指标中的+DI、-DI、ADX和ADXR这四条曲线在20~40这段区域内作宽幅整理，如果+DI曲线先后向下跌破ADX和ADXR曲线时，投资者应密切注意行情会不会反转向下。一旦+DI曲线又向下跌破-DI 曲线，同时股价也向下突破中长期均线，则意味着市场上空头庄家比较强大，股价短期内还将下跌，这是 DMI 指标发出的卖出信号（如图 3-12）。

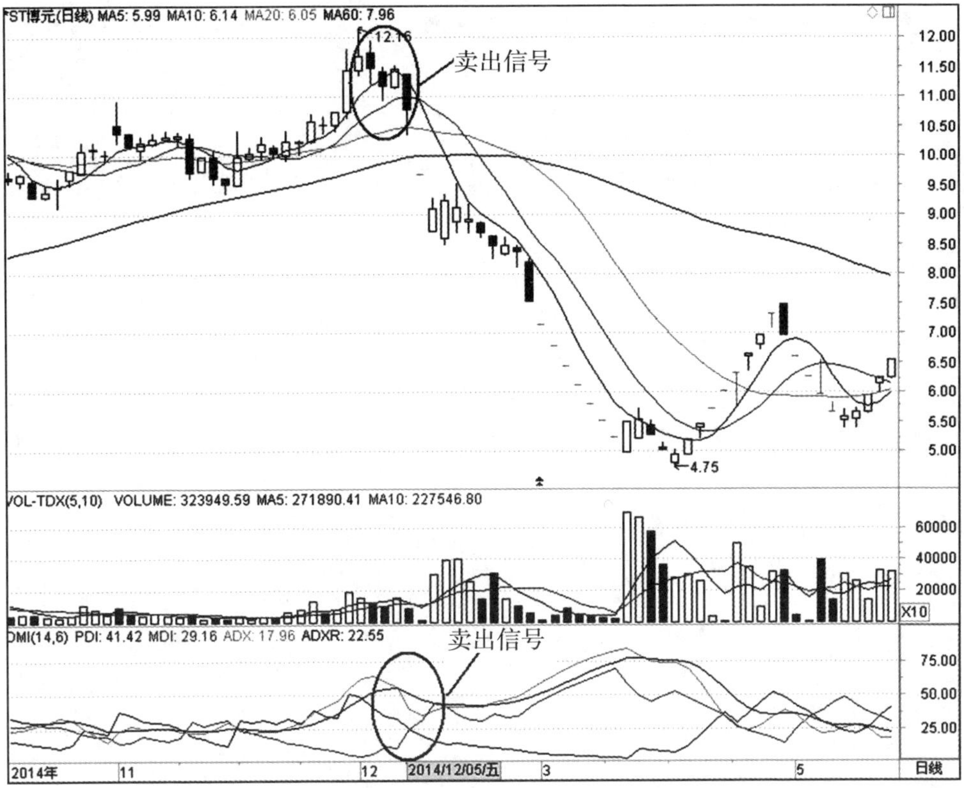

图 3-12　DMI 指标

（3）当 DMI 指标中的+DI 曲线向下跌破-DI、ADX、ADXR 这三条曲线后，如果+DI 曲线一直运行在这三条曲线下方，并且在 20 以下区域作水平或向下运动，同时股价也被中长期均线压制下行时，则意味着市场上空头力量占据绝对优势，股价将继续下跌。

（4）-DI 值放大并趋近 100，股指会继续下落。如果+DI 值变小并趋近 0，反映多方势头减弱，空方实力强。

卖赚宝典

为了消除技术骗线的影响，投资者可利用 ADXR 曲线，它与 ADX 曲线相交，是判断结论的一种确认信号，其作用在于提醒投资者采取最后的即时买入或卖出行动，随后而来的升势或跌势将会较急。

第四章

趋势线发出的卖出信号

信号063 上升趋势中第三条扇形线被突破确认的卖出信号

扇形原理是依据三次突破趋势将反转的原则来判断股价变动趋势的理论。扇形线用多次试验的方式，最终验证市场将有趋势反转。由于它依次连接了市场出现的三个波峰或三个波谷，图形看上去就像一把打开的折扇，因而得名。

在上升趋势中，先找出两个明显的低点，用直线连接之后，即得到一条上涨趋势线。如果市场运动跌破了第一条趋势线，则以新出现的低点与第一个低点连接，得出第二条上升趋势线。

如果第二条趋势线也被跌破，则以市场新的低点与最初的低点连接成第三条趋势线。如果前两次突破趋势线看作是市场的正常回档，那么第三条支撑线又被突破，说明趋势发生转折的信号已经相当明显了（如图4-1）。

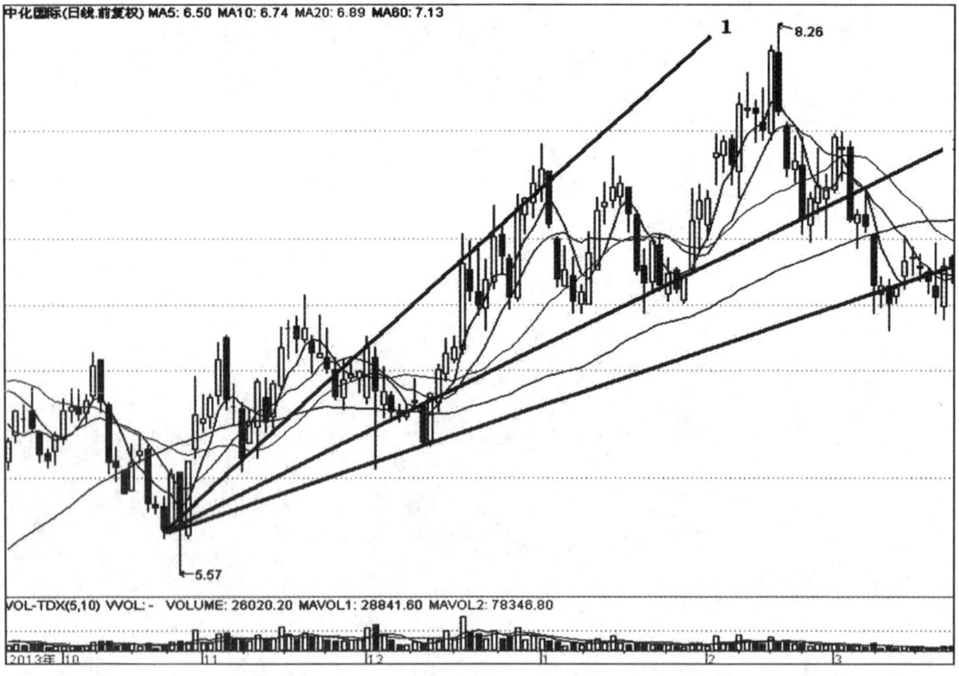

图4-1 第三条扇形线被突破确认卖出信号

下降趋势中的情形与上升趋势相同，只是正好方向相反。

具体的实战操作要点如下。

（1）扇形线给出了趋势反转的信号，而不是市场局部短暂反弹或回档。

（2）三条扇形被突破之后，与趋势线被突破之后会发生角色转换一样，都会成为以前角色的反面。也就是说，原来的支撑线被突破后，会成为行情发展的阻力线，反过来也是一样。

（3）扇形线依据的是第三次突破原则。切记，第三条趋势线被突破是趋势反转的有效信号。

（4）扇形线只是从一个特殊的角度来考虑反转问题。在实际应用时，如与其他技术分析工具配合使用，会达到更理想的效果。

（5）股价突破三条扇形线后，虽然发出了趋势反转成立的信号，但并不一定意味着趋势反转真的成立，这时候需要密切关注市场对这个信号的反应。

卖赚宝典

如果股价突破第三条扇形线时量价配合，价格剧烈波动，往往意味着市场认同这个反转信号，趋势反转真的要发生了。如果反应冷淡，那么出现伪信号或假突破的可能性很大。

信号064　上升趋势中1/3和2/3速度线被突破确认的卖出信号

速度线同扇形原理考虑的问题一样，速度线也是用来判断趋势是否将要反转的。不过速度线给出的是固定的直线，而扇形原理中的直线是随着股价的变动而变动的。另外，速度线又具有一些百分比线的思想，它将每个上升或下降的幅度分成三等分进行处理，所以有时又把速度线称为三分法。

速度线的画法分为两个步骤（如图4-2）。

图 4-2 速度线被突破确认的卖出信号

第一步，找到一个上升或下降过程的最高点和最低点，然后将高点和低点的垂直距离 3 等分。

第二步，连接高点（在下降趋势中）与分界点，或连接低点（在上升趋势中）与 1/3 和 2/3 分界点，得到两条直线。这两条直线就是速度线。

股市速度线有点儿像汽车的速度表，只不过它测量的是股票的变动速度而不是车速。1/3 速度线和 2/3 速度线对投资者判断卖出时机有重要的指导意义。具体分析如下。

（1）速度线是重要的支撑或阻力线，对于判断行情的性质有重要作用。通常速度线在发挥有效支撑或阻力作用时，都会发生股价向上或向下的假突破，形成多头或空头陷阱。

（2）在上升趋势中，2/3 速度线被股价回落击穿，那么价格运动的第二条支撑线便是 1/3 支撑线。如果回落的速度过快，那么就有可能连

1/3 速度线也阻止不了股价的跌势，整个上升趋势将要发生逆转，此时是卖出的重要时机。

（3）如果上升趋势本身处于调整过程中，那么向下的调整通常会在上面那条速度线上止住（2/3 速度线）。若不然，市场会跌到下面那条速度线上（1/3 速度线）。如果下面那条速度线也被跌破了，那么股价有可能一泻而下，跌至先前趋势的起点。

卖赚宝典

正如所有的趋势线一样，速度线一旦被突破也会变换角色。在上升趋势的调整过程中，如果上面那条线（2/3 线）被突破，市场跌到 1/3 线处并从那里开始反弹，那么上面那条线就变成了阻力线。

速度线与别的切线不同，它有可能随时变动。一旦有了新高或新低，速度线将随之发生变动。尤其是新高和新低离原来的高点和低点相距很近时，原来的速度线就一点用也没有了。

信号065　上升趋势线遇阻力确认的卖出信号

一般来说，股价下跌到一定位置后，由于多头的参与，股票价格会止跌企稳，从而在一定程度上形成支撑。可以把此时股价的最低点看作是近期股价的支撑点，穿过股价支撑点画一条水平直线，就是此段时间股价的支撑线。

反之，当股票上涨到一定程度时，低位买进的多头此时将获利回吐，从而给股票价格进一步上扬造成一定的压力，这种压力就是阻力。可以把此时股价的最高点看作是近期股价的阻力点，穿过阻力点画一条水平直线，就是这段时间股价的阻力线（如图 4-3）。

趋势一般指事物发展的方向，在股市中，趋势指股票价格市场运动的方向。趋势线，就是根据股价上下变动的趋势画出的线路。趋势线可以分为上升趋势线、下降趋势线和水平趋势线。

图 4-3　上升趋势线遇阻力确认卖出信号

上升趋势线是上升趋势的两个谷底组成的直线，它反映了此段时间内股票价格主要呈上涨走势，中间即使出现回调也是暂时的。在上升趋势中，股价逐渐走高，某一天创出历史新高，此后股价开始下跌，就可以把此时股价的最高点称为近期股价的阻力点。当上升趋势遇到阻力时是卖出信号，预示近段时间股价不会突破该阻力点，也就是说上升趋势已经结束，下降趋势即将来临。

当投资者发现在上升趋势中股价接近阻力线时，应该及时在高位获利抛出。因为一部分在低位吸纳的庄家，此时已经筹集了大量的获利筹码，开始获利回吐。半路跟进的跟风盘此时会抛出股票，此时股价呈现超买状态。抛压过重会给股价上涨带来很大的阻力，股价经过一段时间的横盘后，迟早会进入到新一轮下跌行情。

卖赚宝典

投资者在观察趋势线时，趋势线连接的高点或低点的数量越多，有效性就越强；趋势线不应过于陡峭，否则很容易被横向整理突破，失去分析意义。另外，趋势线根据价格波动时间的长短分为长期趋势线、中期趋势线和短期趋势线，时间周期越长，趋势线的有效性就越高。

信号066 上升趋势顶端出现流星线发出的卖出信号

流星线是指实体很小、上影线很长（通常为实体的2倍以上）但无下影线（或下影线很短）的K线图形（如图4-4）。此外，当实体最低价等于开盘价时为阳，最低价等于收盘价时为阴，实体是阴线阳线并不重要。流星线是出现在上升趋势末期的反转信号，出现在上升趋势后期是卖出信号。

流星线出现在上升趋势中，说明股票经过多方拉抬和散户跟风，股价持续上涨，多方手中聚集了大量获利筹码，在高位开始获利回吐。流星线的出现说明卖盘增加，买盘减弱，多方试图再次拉升股价，但已经失去了上升的持久力。多方抵不住空方打击，股价随时可能见顶回落。投资者在上升趋势尤其是上升趋势末端见到流星线，应退出观望为宜。

卖赚宝典

在上升趋势不同位置出现流星线表示不同的含义。

（1）股价经过长时间的大涨后，在阶段性高位出现流星线，并伴随着巨量成交，则表示庄家诱多，拉高出货。这种情况预示股价将面临很长时间的大幅调整，投资者出货越快越好。

（2）当股价在相对低位横盘一段时间后，突然出现流星线，并伴随着成交量的翻倍放大，则表示庄家制造空头陷阱，做出抛压很重的假象，同时股价会猛烈下跌，并出现破位的情形。这是庄家在拉升前清洗跟风盘和浮筹的手段，投资者认清形势之后，可以大胆跟进，坐收渔翁之利。

图 4-4 上升趋势顶端出现流星线发出卖出信号

信号067 向下跌破上升趋势线发出的卖出信号

上升趋势线是将具有上升趋势的股票的两个相近的低点依次相连，使得大部分低点尽可能处于同一条直线上。上升趋势线对股价起一定的支撑作用。上升趋势线一旦形成，股价将在趋势线上方运行一段时间。一旦股价在波动过程中向下跌破上涨趋势线，就意味着行情可能出现由涨转跌的反转，因此向下跌破上升趋势线是卖出信号（如图 4-5）。

根据股价上涨时间的长短，上升趋势可分为长期上升趋势、中期上升趋势、短期上升趋势。

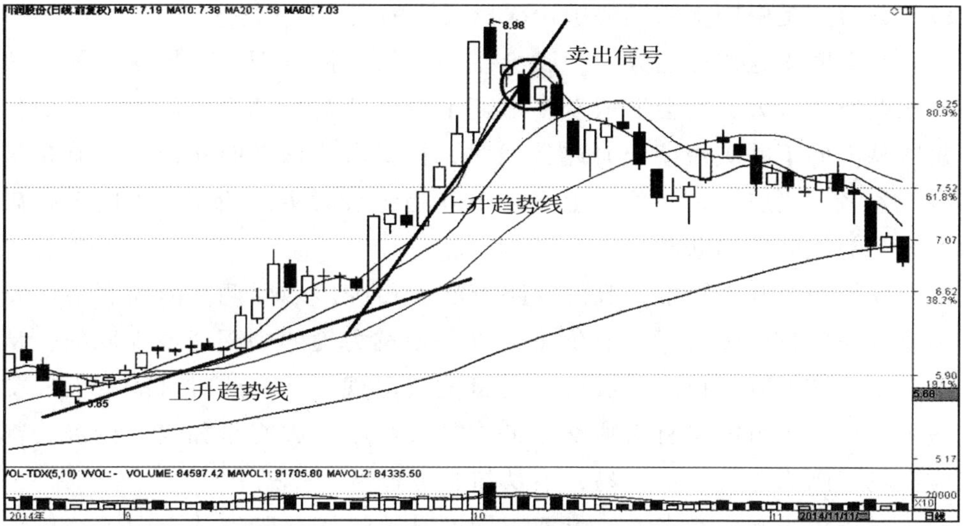

图 4-5　向下跌破上升趋势线确认卖出信号

在实际操作过程中，向下跌破上升趋势线，投资者可以具体分为以下四种情况进行应对：一是跌破中期上升趋势线；二是跌破中期下跌趋势中股价反弹时形成的短期上升趋势；三是跌破中期横向趋势中出现的短期上升趋势；第四种是跌破长期上升趋势线。

在中期上升趋势中，股价以上涨为主，低点与高点不断上移。但股价上升一段空间后，往往会产生回调。特别是手法凶狠的庄家，为了能够在低位吸纳廉价筹码，会使回调的幅度很深，投资者如不及时卖出止损，将会被推到股价的深渊之中。回避风险的最好办法是，当股价从上向下有效跌破中期上升趋势中的趋势线时，立即止损出局。

在中期下跌趋势中，股价以下跌为主，低点与高点不断下移。当股市下跌一段空间之后，往往会突破压力线产生反弹。一般来说，股价跌得越深，反弹时力度越大。这种反弹就是股价中期下跌途中出现的短期上升趋势，这时候股价就会受到短期上升趋势线的支撑。但此时的支撑线力度不够强大，随时有可能被股价向下跌破。当股价从上向下跌破该条短期上升趋势线时，说明短期反弹结束，股价又将进入新的下跌阶段，此时应是中期下跌趋势中短线抢反弹的卖出时机。

在中期横盘整理趋势中，股价在一定的价格范围上下振荡。如果股价振荡空间较大，就会形成众多短期上升趋势与短期下降趋势。当股价每次从上向下跌破短期上升趋势线时，投资者应该及时卖出，尤其是短线投资者，更应该在股价向上突破下降趋势线时买进股票，等向下跌破上升趋势线时卖出获利。

在长期上升趋势中，股价一路上涨，很少出现回调。但当利空消息出现或庄家打压吸筹时，股价将会以一根有力度的中阴线或大阴线，从上向下跌破上升支撑线，股价从此可能会出现反转。此时可能有大成交量的支持，也可能没有大成交量的支持，但不管成交量如何，投资者都应离场。因为股价上涨不易，下跌却非常容易。

对于短线操作者来说，应把短期上升趋势线被股价从上向下突破作为止损点。

卖赚宝典

(1) 无论是中期下跌趋势中股价反弹形成的短期上升趋势，还是中期横向趋势中出现的短期上升趋势，它们上升持续的时间都不应超过四周。超过四周就要另当别论。

(2) 股价跌破上升趋势线，不用再去分析是否是有效突破，应该采取破位即离场的原则。

(3) 股价跌破上升趋势线，成交量同步放大，则会加深跌势。即使没有成交量的配合，股价也会自然滑落。

(4) 上升趋势线的时间跨度越长，跌破上升趋势线的意义越大，跌破越为可靠，当日下跌的幅度就越大。

信号068 股价跌破水平趋势线确认卖出信号

水平趋势就是后面的波峰与波谷基本与前面的波峰和波谷持平。水平趋势线是由水平趋势的两个谷底连成的直线。箱体是由水平趋势线的两个平行的谷底连成的水平趋势线与两个平行峰连成的水平压力线组成的。介于水平趋势线和水平压力线之间的区域就是箱体。

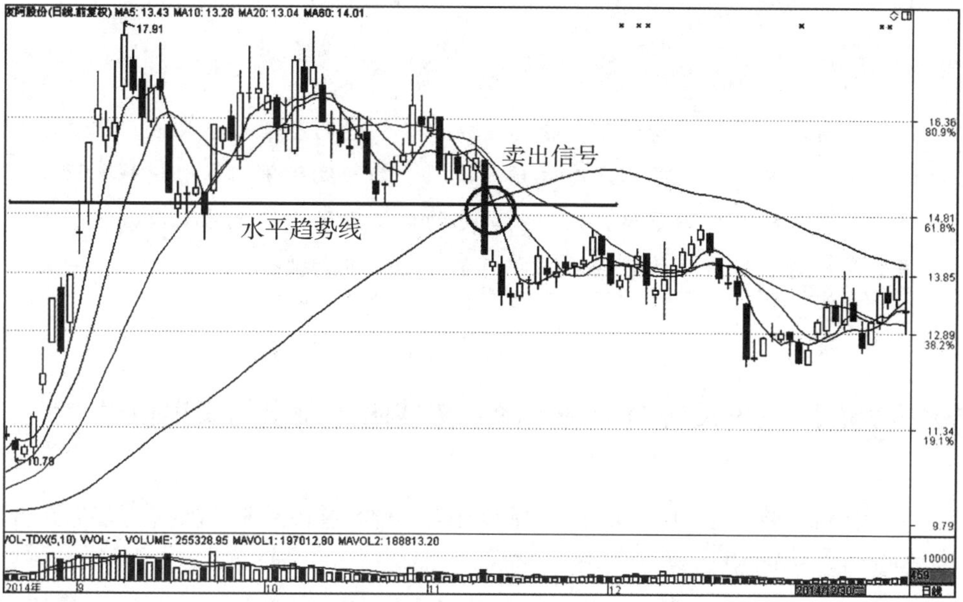

图 4-6　股价跌破水平趋势线发出的卖出信号

股价在箱体中波动，股价振荡空间较大，就会形成众多的短期上升趋势与短期下降趋势。在短期下跌趋势中，股价每次下跌碰到水平趋势线时，会受到水平趋势线的支撑，股票进一步下跌的空间不大。

在短期上升趋势中，当股票价格上升碰到水平压力线时，会受到压力线的阻力，股价进一步攀升的动力不足，此时是卖出的时机。

此外，当股票价格运行在水平趋势线之上，某一天向下突破了该趋势线后，就可以视为水平趋势可能转变为下跌趋势。这是水平趋势线发出的卖出信号，投资者尤其是短线投资者应及时止损。

水平趋势线既可以是股价上升途中回调时形成的水平支撑线，也可以是股价下跌途中形成的支撑线。

股价向下跌破水平趋势线，应视为可靠的卖出信号，短线操作者应掌握破位即离场的原则。

在箱体中，股价上升无力接近箱顶时，也是短线抢反弹者应该卖出的时机。既然股价无力向上突破箱顶，势必会往下寻找突破点。

卖赚宝典

一条角度非常陡的趋势线，很容易被一个横向的整理形态突破。这类较陡的趋势线对技术分析基本上毫无预测价值。趋势线越平，或者说越靠近水平位置，它的技术性越重要，任何跌破它的价格下降意义也越重要。股价向下击穿箱底时，短线操作者应该立即斩仓离场，避免被套。

信号069 股价反弹至中期下降趋势线附近发出的卖出信号

在中期下降趋势中，股价反弹至中期下降趋势线附近时，是投资者抢反弹的卖出时机。

在下跌趋势中，股价高点一浪比一浪低，高点连线形成下降趋势线。下降趋势线是股价上涨的一条重要阻力线。同时，低点也一浪比一浪低，低点的连线形成下降趋势的支撑线，对股价的下跌具有支撑作用。

在中期下降趋势中，股价在支撑线与压力线之间波动。股价每次下跌碰到中期下降趋势的支撑线时，会受到支撑线的支撑。如果股价不能有效跌破支撑线，势必再次反弹。

同时，股价每次反弹至中期下降趋势线附近，都会受到中期下降趋势线的压制。如果股价不能有效突破这条阻力线，势必会再度下跌。投资者在中期下降趋势中抢反弹时，应把股价靠近中期下降趋势线（如图4-7）当作卖出时机。

图 4-7　股价反弹至中期下降趋势线附近发出的卖出信号

卖赚宝典

在操作时，投资者应注意以下几点。

(1) 不一定非要等到股价触到下降趋势线才卖，差不多有盈利就应了结。遇到股价反弹无力，靠近中期下跌趋势线时，更应该早点卖出。这意味着多方的反扑力量越来越小，空方已占上风。

(2) 股价有效突破下降趋势线时，可以看高一线，待股价回调时再卖出。

(3) 在下跌趋势中抢反弹时，如果买入后股价刚弹起一点便落了回来，要有止损的准备。在中期下降通道中，股价反弹靠近上轨线时，是短线抢反弹的卖出时机。

(4) 股价向下突破中期下降趋势线时，短线抢反弹者应立即止损。

信号070 支撑线反转为阻力线发出的卖出信号

支撑线对股价有支撑作用，阻力线对股价有压力作用。当股票价格回调碰到支撑线，由于支撑线的支撑作用，股票价格大多会止跌企稳，此时投资者可以买进股票。相反，当股票价格上涨碰到阻力线，由阻力线产生的压力会压制股价的上涨，投资者此时应该及时卖出股票获利（如图 4-8）。

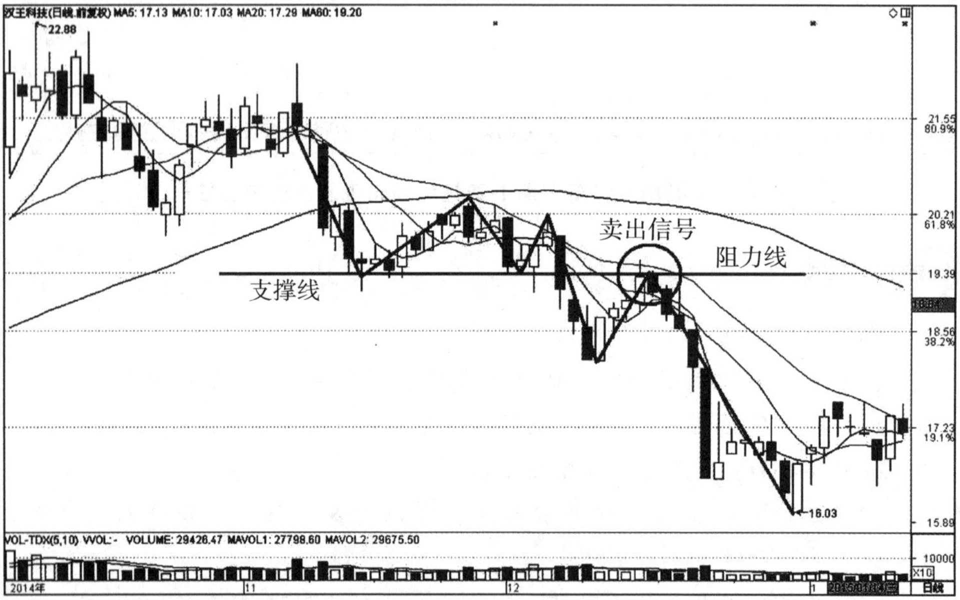

图 4-8 支撑线反转为阻力线发出的卖出信号

上面的这种理论看起来完美无缺，但是在操作中需要注意的是，支撑和阻力是相对而言的。支撑和阻力只在一定的时期内起作用，不是永远不变的，两者的角色经常互相转换。一般来说，当支撑线被空头向下突破后，支撑线就变成了阻力线；反之，当阻力线被多方向上突破后，阻力线就变成了支撑线。

股票价格在某一价位获得支撑线的支撑，停留一段时间开始向下移动，此时很多投资者认为该股有可能下跌，会做好离场的准备。当股价反弹至支撑线附近，投资者便纷纷抛出离场。由于卖压过重，再次将股价压低，支撑线的支撑作用被空头击穿，于是支撑线就反转为阻力线。

当支撑线反转为压力线时，意味着股价将会下跌，是投资者离场的时机。

卖赚宝典

股价在某个支撑线之上或压力线之下运行的时间越长，伴随的换手率越大，离当前的时间越近，则这条支撑线或压力线就越可靠。一旦支撑线或压力线不起作用时，要随时调整并画出新的支撑线或压力线。

信号071　股价接触到通道上轨线发出的卖出信号

轨道线与趋势线不同，趋势线被突破后，股价将会反转。股价突破轨道线不是趋势反转，而是趋势加速，原来的趋势线将会变得更加陡峭。虽然先有趋势线再有轨道线，但轨道线比趋势线更加可靠。具体分析如下。

（1）在中期上升通道中，股价每次触到上轨线时是卖出信号。由上升趋势线以及构成上升趋势线的两个谷底之间的低点所作的平行于上升趋势线的直线所构成的空间，就称为上升通道。上升趋势线称为上升通道的下轨线，所作的那条平行线称为上升通道的上轨线。

上升通道形成之后，股价在一定时间里将在上升通道中波动。上升通道下轨线往往是股价回落的支撑线，上轨线则是股价上涨的阻力线。

在中期上升通道中，股价每次触到上升通道的下轨线时，总会受到下轨线的支撑，股票价格进一步下跌的可能性较小。股价每次触到上升通道的上轨线时，总会受到上轨线的压力，股票价格再度攀升的动力不足，就会折返向下。对投资者尤其是短线操作者来说，在中期上升通道中，应该把股价触到上轨线当作卖出信号。

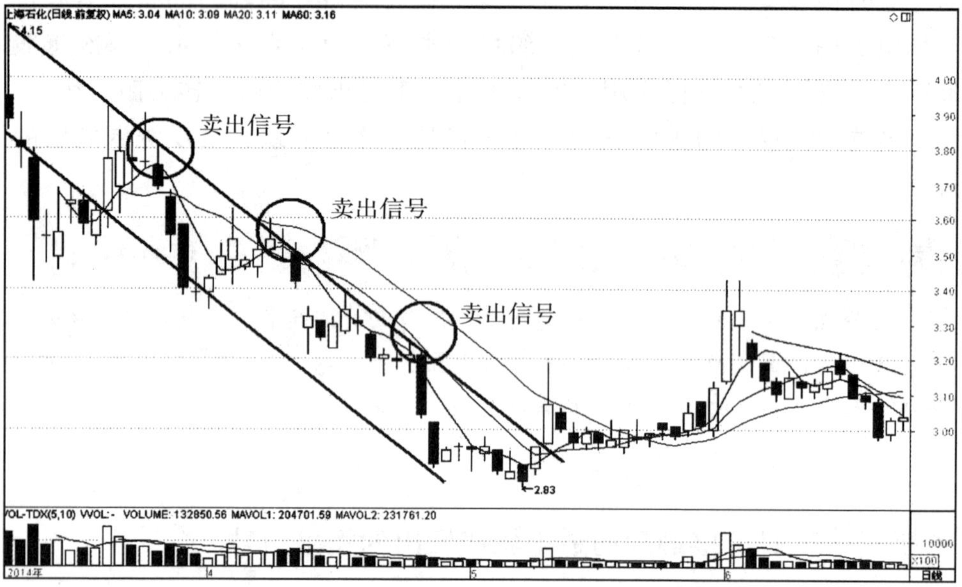

图 4-9　下降通道中，股价每次接触到通道上轨线是卖出信号

此外，短线投资者也应该把股价无力抵达上升通道上轨线当作卖出信号。股价无力抵达上升通道上轨线，说明股价上涨乏力，意味着股价将会向下击穿下轨线。

（2）在下降通道中，股价每次向上接触到通道的上轨线时是卖出信号，是投资者卖出的好时机。由下降趋势线以及构成下降趋势线的两个峰顶之间的谷底所作的一条平行于下降趋势线的直线所构成的空间称为下降通道。下降趋势线称为下降通道的上轨线，所作的那条平行线称为下降通道的下轨线。下降通道形成之后，股价在一定时间里将在下降通道中波动。下降通道的下轨线往往是股价回落的支撑线，上轨线则是股价上涨的阻力线。

在下降通道中，股价每次触到下降通道的下轨线时，总会受到下轨线的支撑，股票价格进一步下跌的可能性较小。股价每次触到上升通道的上轨线时，总会因受到上轨线的压力，股票价格再度攀升动力就会不足，掉头折返。对投资者尤其是短线操作者来说，在下降通道中，应该把股价触到上轨线当作卖出信号（如图 4-9）。

卖赚宝典

遇到上升通道的卖出信号时，还要注意上升通道的喷出。在上升通道中，庄家不会以向下突破上升通道下轨线的方式来完成筹码的派发行为，而常常以放量上升突破上升通道上轨线的方式来完成筹码的派发行动，即常常以放量突破上升通道上轨线的喷出方式来派发庄家筹码。投资者碰到股价在上升通道中放量突破上轨线时，应该引起警觉，最好在上升通道喷出阶段出货了结，不要误以为这种喷出是上升阶段的一种演变形式。

第五章

均线系统发出的卖出信号

信号072 跌破5日均线的卖出信号

将5天收盘价加权平均，并据此做出的曲线就是5日均线。它的主要功能有两个：一个是支撑作用，一个是助涨作用。学会看5日均线，对于决定自己买卖股票还是很有参考意义的。

假如投资者手里的股票原来一直在5日均线之上运行，说明股价一直在上升。如果某天股价落到了该均线之下，就说明股价已经不再上升，必须引起警惕了。当然，投资者此时还要结合其他指标来决定是否立刻卖出。

实战中，投资者在操作时应注意下几个要点。

（1）对5日均线来讲，要判定均线下一步的动向，应该先分析一下5日内股价演变的情况，然后再比较当前股价与5日前股价的情况。

（2）近5日股价是升势，此时当前股价如高于5日前股价，则5日均线将持续升势。如股价增幅较5日前减小，则5日均线上行将趋缓甚至走平。如股价低于5日前股价，则5日均线就要向下拐头。

（3）5日均线向下拐头预示着股价将不能保持上升势头，股价即将反转，构成了卖出信号（如图5-1）。

（4）短线操作者根据5日均线卖出股票时，应多观察几种指标。如果5日均线持续升势，没有产生向下的转点，但与均量线及大多数指标呈背离运动，此时发出的是卖出信号而不是买入信号。

卖赚宝典

实战中，短线投资者对移动平均线的把握不应该完全是被动的，而是在一定的程度上可以预测。一般来说，越短期的移动平均线，越是贴近市场的价格趋势，追踪短期趋势最好使用短期移动平均线。

5日均线作为短期移动平均线的最主要构成部分，其稳定性虽然较差，但能灵敏地反映股价短期波动趋势，是股市高手进行短线操作最爱使用的技术指标之一。

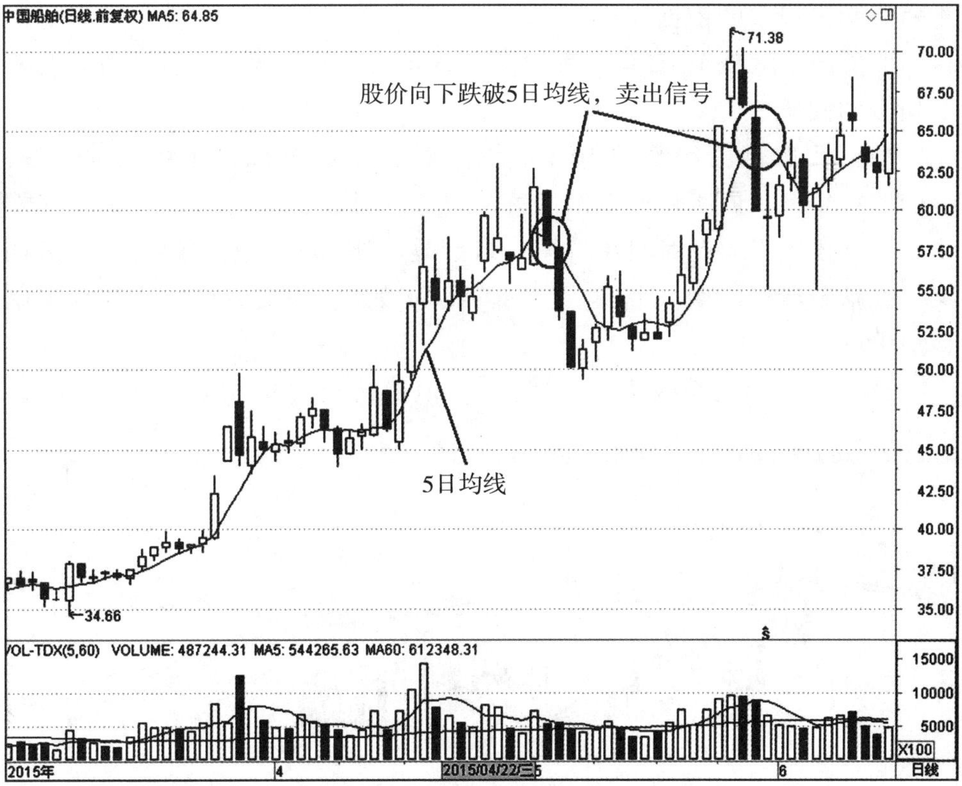

图 5-1 股价向下跌破 5 日均线

信号073 跌破 10 日均线的卖出信号

如果股价运行在 5 日、10 日均线之上，市场就是健康的，最低限度也要运行在 20 日均线之上。股价跌破 10 日均线时，投资者就需要小心警惕了。10 日均线是短期内多空双方力量强弱的重要分界线。

当股价运行在 10 日均线下方时，表明短期内空方力量强于多方力量，市场处于弱势，有更多的投资者愿意以低于最近 10 日平均成本的价格卖出股票，股价自然会下跌。一旦股价向下跌破 10 日均线，则表明未来半个月内该股行情走势可能偏弱。因此，10 日均线也就成为投资者是否短线卖出股票的依据。

股价向下跌破 10 日均线发出的短线卖出信号，要分两种位置来判断其信号的性质。

（1）当股价已经跌破 10 日均线，同时股价又跌破了中长期均线，表明股价短期内向下快速下跌的格局已经形成，这是一种极强的短线卖出信号，投资者应及时卖出股票。特别是对于那些前期涨幅过大，近期又已经跌破所有短期、中期、长期均线的股票，投资者应坚决全部清仓（如图 5-2）。

虽然股价已经跌破了 10 日均线，但股价还在中长期均线（60 日、

图 5-2 股价向下跌破 10 日、60 日、90 日、120 日均线

90 日、120 日等）上方时，表明 股价还没有真正形成长期下跌趋势，这可能是一种股价短线回调整理的信号。对于近期涨幅过大的股票，短线操作者可适当获利了结。对于近期没有多大涨幅的股票，投资者还可以暂时观望。

卖赚宝典

与股价向上突破必须有成交量配合相比，股价向下突破 10 日均线时并不需要较大的成交量配合。如果股价下跌伴随着成交量的放大，只是预示股价下跌的可能性更高而已。

信号074　一根阴线跌破短期均线的卖出信号

当股价在高位盘整后渐渐下滑，5 日、10 日、20 日均线形成的均线系统呈收敛状态。此时如出现一根阴线跌破三条均线，形成一阴断三线的形态，短线应警惕有一轮跌势。特别是带有较大成交量的阴线，预示股价更有下跌的可能。遇上此类形态，短线应卖出手中持股，暂时退出（如图 5-3）。

5 日、10 日、20 日均线呈收敛状态，说明股价已有较长时间维持横向振荡，也说明 5 日、10 日、20 日内买进股票的平均成本越来越接近。这时人们发现早买和迟买股票一样都无盈利，购买股票的积极性降低。

另一方面，卖出方已明显感到购买力降低，愿意用更低的价格出售股票。随着做空的人越来越多，有一天空方突然用低于三条均线的价格大量卖出，日 K 线出现一根较长的阴线，且跌破短期均线系统，使 5 日、10 日、20 日内买进股票的人全被套牢。待一部分被套者反应过来后，在第二天的行情中愿意以比前一天收盘价更低的价格卖出，于是发生空轧空行情。随着抛压的急骤增大，终于诱发一轮跌势。

图 5-3 一阴断三线

卖赚宝典

在操作时，投资者应注意以下几点。

(1) 要确定股价所处的位置必须是相对高位，5 日、10 日、20 日短期均线系统有下滑且收敛的迹象。

(2) 阴线必须是一根，且同时下破三条均线，收盘价必须在三条均线之下。

(3) 如果阴线跌破三条均线时成交量放大，卖出信号更有效。

(4) 短线操作者可在形态出现后逢高卖出，也可以在形态出现当天收盘前积极卖出。

信号075　5日、10日、30日均线死叉的卖出信号

当5日均线开始向下突破10日均线而形成死叉时，说明该股短期下降趋势开始形成，这是均线发出的短线卖出信号之一。一旦接下来5日和10日均线都先后向下突破30日均线，形成另一个死叉时，说明该股短期下降趋势已经形成，这是均线发出的另一个短线卖出信号。

由5日、10日和30日均线形成的死叉发出的短线卖出信号，可以分为以下三种情况。

（1）如果短期均线死叉发生在中长期均线下方附近，则表明股价向下突破的空间被有效打开，股价将进入一轮短线下跌行情，这是一种极强的短线卖出信号。特别是对于近期股价从底部反弹幅度过高的股票来说，短线投资者应及时卖出（如图5-4）。

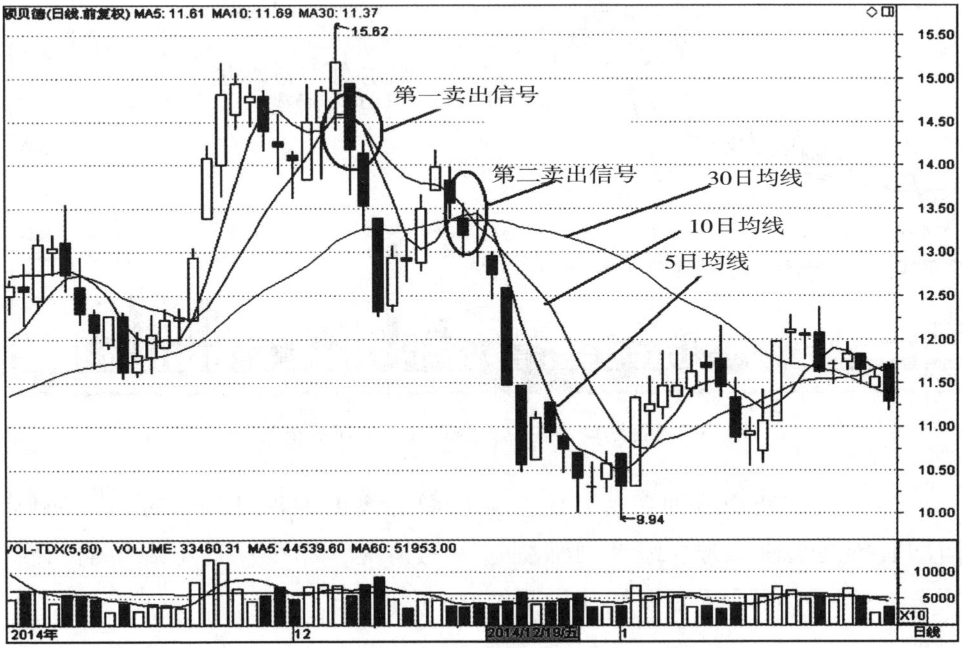

图5-4　短期均线在中长期均线下方死叉

（2）如果短期均线的死叉发生在中长期均线上方附近不远的地方时，表明股价并没有真正形成下跌趋势，股价只是暂时回调整理而已，短线可以卖出，中线投资者还可以持股观望（如图5-5）。

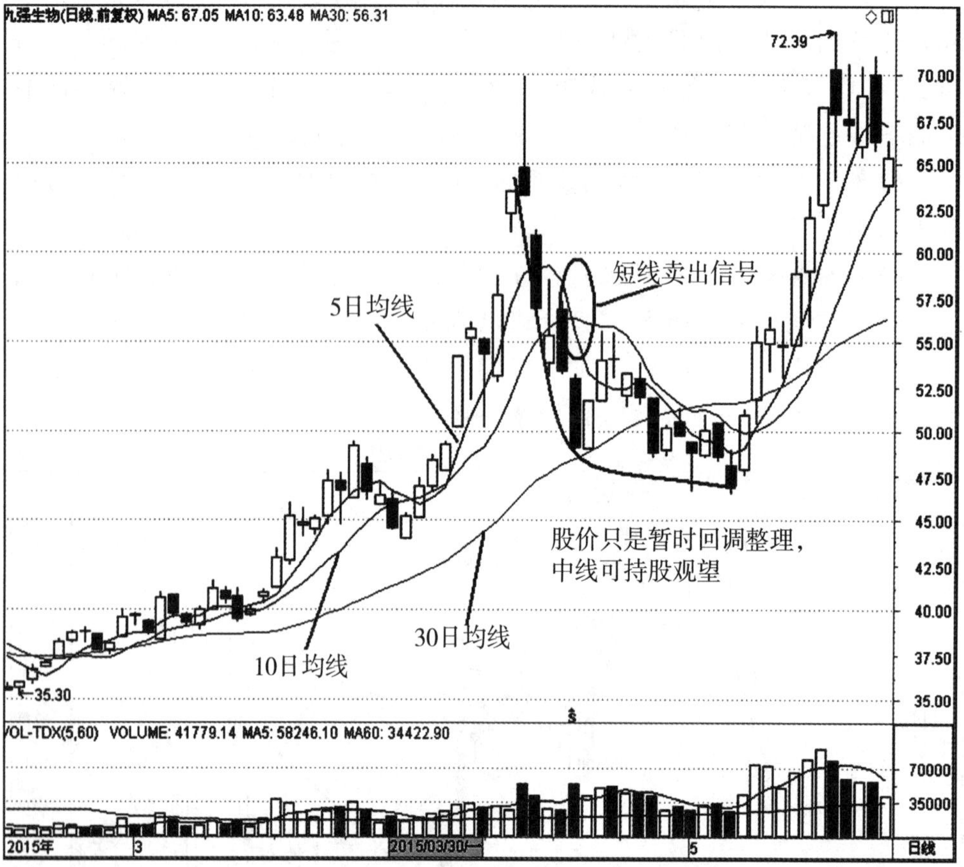

图5-5 短期均线在中长期均线上方不远处死叉

（3）当短期均线的死叉发生在中长期均线上方很远的位置时，如果前期股价是快速拉升、短期内涨幅过大的情况，那么一旦出现短期均线死叉，投资者可以暂时短线获利了结（如图5-6）。

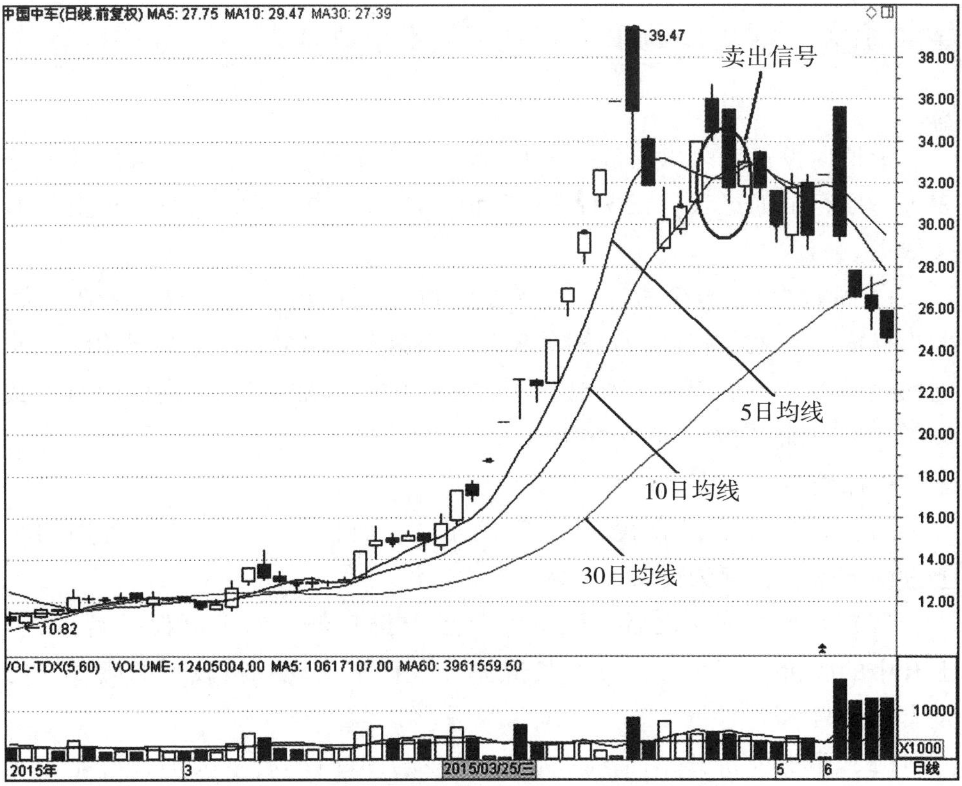

图 5-6　短期均线在中长期均线上方很远处死叉

卖赚宝典

一般来说，5 日、10 日、30 日三条均线形成三重死叉，都是在股价持续上涨已久，或有较大幅度上涨之后，后市应有中期或长期下跌行情。特别是顶部反转形态，如双重顶、头肩顶等突破时伴随三条均线形成死叉，可靠性更高。

如果在上升趋势中途，三条均线形成死叉后误认为是中期头部，卖出后股价跌幅不大，随后很快向上突破三条均线，且三条均线再次形成金叉发散上行，说明前期仅是回调而已，升势尚未结束。在股价放量突破 30 日均线时，可再次买入，这样可以避免踏空。

信号076 13周及26周均线死叉的卖出信号

中长期投资者多以周线为判断标准，为了计算方便，力求能够充分表现整段行情的过程，投资者一般都以13周及26周均线作为买卖的参考依据。

13周和26周均线的计算方法是：以每周最后一个交易日的收盘指数为标准，将13周的收盘指数累积计算再除以13，即为1周均线。26周均线则以每周最后一个交易日的收盘指数为标准，将26周的收盘指数累积计算再除以26，即为26周均线。

在操作时，投资者应注意以下几点。

（1）13周与26周均线已经形成死叉，而且13周均线从26周均线上方向下跌破，视为死叉。

（2）在形成死叉之后，股价一直呈上扬趋势，但不会保持得太久。上升中的股价一旦回落，或者股价上升过程中出现一根较长的阴线，便是卖出信号。

（3）虽然股价开始回落时为卖出信号，但回落后不久仍有可能再次上升，宜随时准备好下一步采取的行动。

卖赚宝典

13周与26周均线已经形成死叉，而且13周短期均线从26周长期均线上方向下跌破，视为死叉。形成死叉之后，股价一直先呈上扬走势，但不会保持得太久。上升中的股价一旦回落，或者股价上升过程中出现一根较长的阴线，便是卖出信号（如图5-7）。

信号077 5日均量线向下跌破10日均量线的卖出信号

均量线是将一定时期内的成交量（值）相加后平均，在成交量

图 5-7 13 周与 26 周均线死叉的卖出信号

(值)柱条图中形成的较为平滑的曲线，它是反映一定时期内市场平均成交情况亦即交投趋势的技术性指标。

成交是否活跃，是否有庄家进出，是热门股还是冷门股，都可以在均量线上得到较明确的反映。许多股票分析软件中，都有 5 日均量线和 10 日均量线，它们能比较准确地反映出成交量的变化，并在很多时候可以非常明显地给出卖点信号。在实战中，把 5 日均量线和 10 日均量线结合起来选择卖点，效果更加突出。

伴随着股价的上升，成交量不断放大，此时 5 日均量线上升速度快于 10 日均量线。当股价上升到高位时，一般情况下，5 日均量线在上，10 日均量线在下。当行情进入尾声时，均量线提前向下滑落，通常也是 5 日均量线快于 10 日均量线。当 5 日均量线下穿 10 日均量线，即股民常说的死叉信号，预示下跌趋势已经形成，应及时卖出股票（如图5-8）。

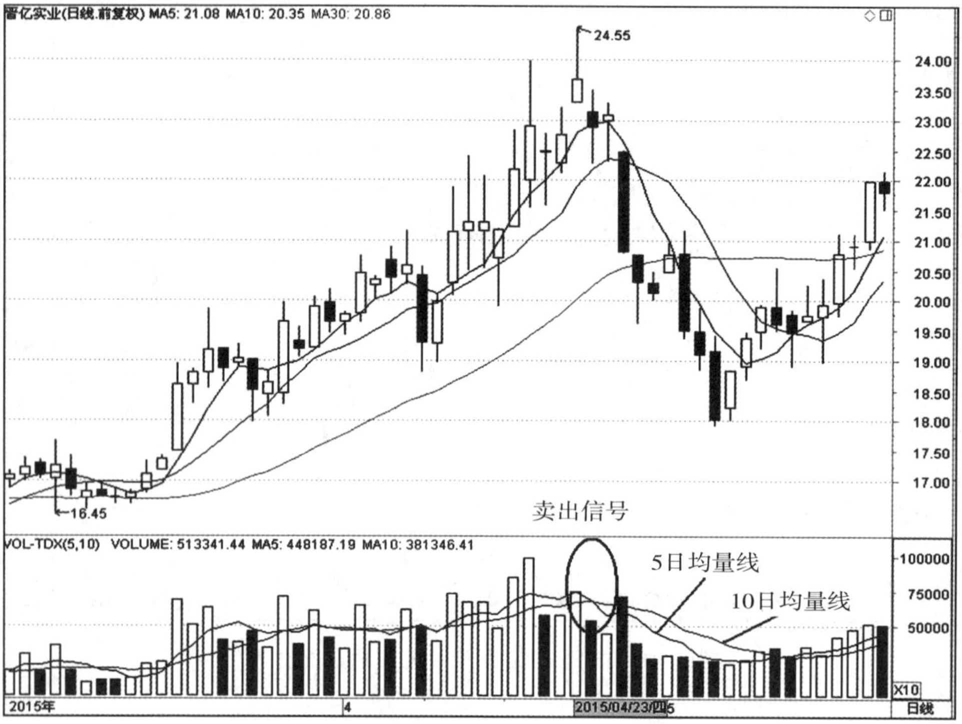

图 5-8 5 日均量线下穿 10 日均量线

这是一种十分有效的卖出方法。此方法的原理并不难理解，前期经过持续的放量，将股价推高后，投资者的风险意识越来越强烈，做多意愿已经减退，成交量也随之萎缩。当5日均量线与10日均量线形成死叉时，表明多方已经全面退却，空方大举进攻，股价下跌通道已经形成。短线投资者这时应该及时卖出股票，规避风险。

在操作时，投资者应注意以下几点。

（1）5日均量线与10日均量线死叉发出的卖出信号，一般来说是不容置疑的，但是这种下插往往要比股价下跌的起始时间晚五六天，因此，若能结合K线图来判断，则准确性更高。一旦K线图已经发出了卖出信号，则应该毫不犹豫地卖出。要是等到均量线死叉形成那日卖出，就有可能太晚了。

（2）5 日均量线下插 10 日均量线出现的位置有高有低，高时多在股价下跌前的三四日就出现，低时在股价下跌到一半时才出现。所以投资者应该学会结合其他工具来分析。

（3）当股价连续上涨，成交量不能继续创出新高，反而低于 5 日均量线和 10 日均量线时，5 日均量线和 10 日均量线在高位开口缩小，并进一步形成死叉时，是较好的出货点。

（4）在一段上升行情中，5 日均量线和 10 日均量线形成死叉，和前一次 5 日均量线和 10 日均量线死叉产生背离时，出货信号更为可靠。

卖赚宝典

使用 5 日均量线和 10 日均量线在高位死叉出货，此方法特别适合于一些股价连续上涨，成交量连续放大的庄股，流通盘中盘以上，是一个强势股出货的指标，不适合于成交量不能连续放大的弱势股和冷门股。此卖出方法也不适合于流通股本小，筹码锁定极好，被庄家控盘的单边上升股。

信号078　10 日均量线向下跌破 30 日均量线的卖出信号

中线炒股的持股时间相对短线来说比较长，卖点选择的合适与否就显得非常重要。一般来说，股价都是呈波动形态运行的，如果错过了合适的卖点，除了没有办法锁定利润之外，还有出现亏损的可能。

均量线反映的是一段时期内市场的平均成交量，是研判大盘和个股顶部的一个好工具。它简单明了，准确率高，尤其对于大顶之前的虚假繁荣，它往往比 K 线有更超前的警示作用。

投资者可以使用 5 日、10 日和 30 日指标参数进行顶部判断。一般来讲，当 10 日均量线在 30 日均量线上方且继续上扬时，上涨行情将会继续；反之，10 日均量线在 30 日下方且开口不断变大时，下跌将持续。当 10 日均量线向下与 30 日均量线交叉时，意味着下跌得到确认，这时候就要考虑出货，兑现利润。10 日均量线向下与 30 日均量线交叉，就是股民常说的死叉（如图 5-9）。

另外，在实际使用中，要特别注意 30 日均量线。当 30 日均量线由向上趋势转为平行甚至掉头向下时，意味着短期可能出现顶部。此时要保持谨慎，随时应对盘面出现的变化。

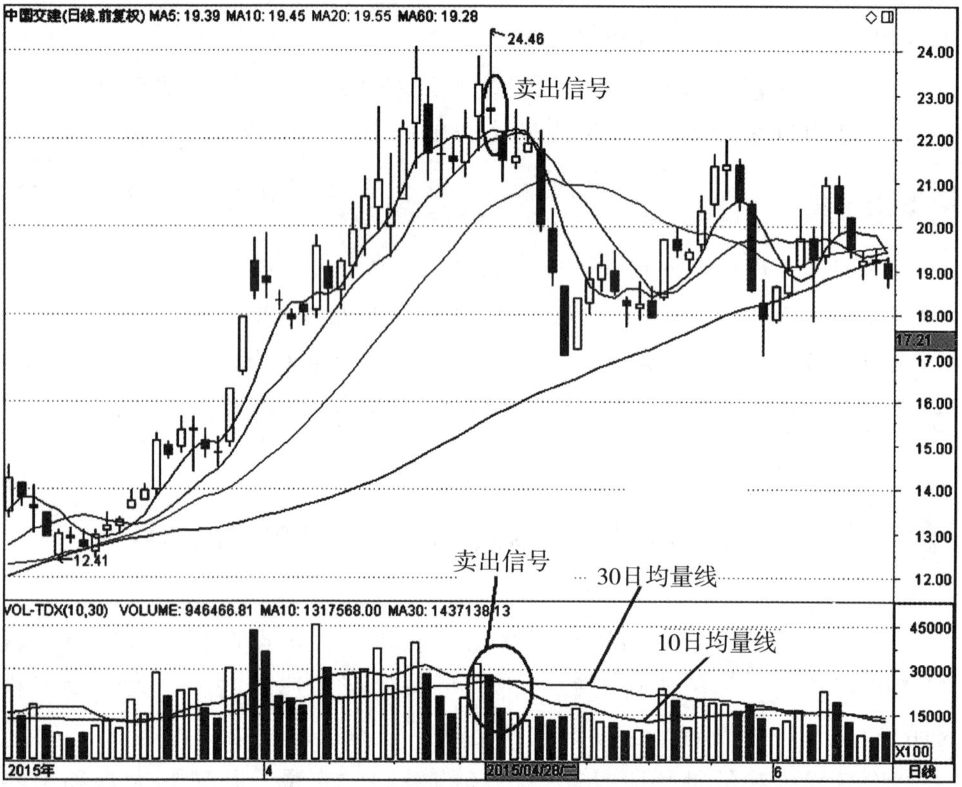

图 5-9　10 日均量线与 30 日均量线死叉

卖赚宝典

当股价处于阶段顶部时，如果 30 日均量线向下突破 90 日均量线，则表明该股成交量萎缩，上涨动能缺乏，是一种卖出信号。如果 30 日均量线一直被 90 日均量线压制，可持币观察，待 30 日均量线向上突破 90 日均量线时再出手买入不迟。

信号079　三均线死叉的卖出信号

三均线死叉见顶是典型的顶部信号，用来判断股价顶部有较高的准确性。三均线死叉是指当股价长时间上涨后到达顶部时，移动平均线中的5日均线由上向下与10日均线形成交叉，即5日均线和10日均线形成死叉；成交量中的5日均量线由上向下与10日均量线形成交叉，即5日均量线和10日均量线形成死叉；MACD指标中DIF由上向下与DEA形成死叉。当此形态出现时，投资者要毫不犹豫地卖出股票（如图5-10）。

图5-10　三均线死叉

股价在长期上涨后开始进入头部，股价出现滞涨，进入高位振荡。随着庄家的缓慢派发，股价开始回落。刚开始价格回落可能是缓慢的，但这种走势最终会造成股价加速下跌。股价的滑落会使5日均线和10日均线、5日均量线和10日均量线及MACD自然形成死叉。有时三个死叉点在一天内同时出现，有时候出现三个死叉点需要几天时间。当死叉出现后，证明顶部买入的投资者已经处于亏损，这种亏损效应被传播后，会带动更多的止损止盈盘出现，股价还会再度下跌。所以"三死叉见顶"是股价见顶回落的信号。

三死叉见顶往往在股价头部仅出现一次，这种唯一性使这种技术更有准确性和实用性。具体的操作方法是，当三死叉同时出现后，应坚决卖出股票。一旦被套牢，可等待股价反弹到10日均线附近时再逢高派发。

卖赚宝典

三死叉见顶有时会伴随着出现两阴夹一阳的空方炮、长阴墓碑等K线组合图形。为了尽早在高位出逃，可用60分钟K线图观察三死叉见顶，其灵敏度比日K线有较大的提高。

第六章

量价异动发出的卖出信号

信号080 高位价涨量缩发出的卖出信号

在上升行情末期，股价经过大幅上涨，在高位出现了价涨量缩的量价背离走势，预示股价即将出现顶部反转，随后将出现一段下跌行情（如图6-1）。

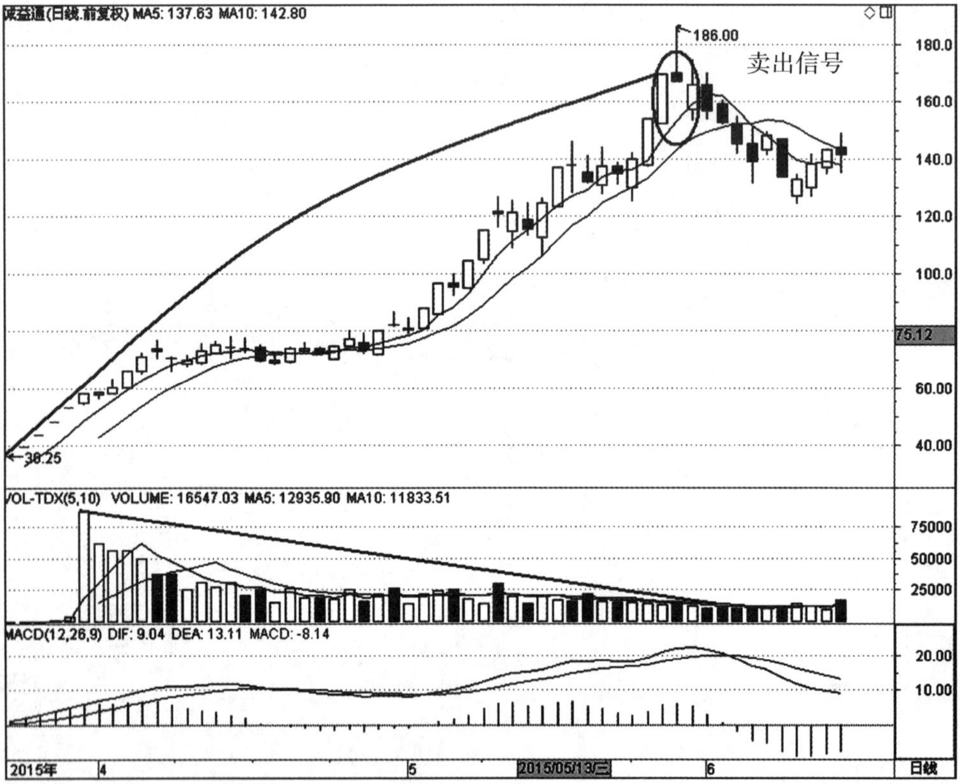

图6-1 高位价涨量缩

当出现高位价涨量缩的量价背离走势时，稳健的做法是平仓出局。其理由是：股价上涨的动力是股票的成交量，其动力来源可以分为庄家推高股价动力，和市场普遍看好后市的跟庄动力。原动力不足，意味着该股一种动力或两种动力都不足，股价将不可避免地出现回落或反转。抢在行情反转之前出局，可以保留前期战果，避免损失。

投资者在操作时应注意以下几点。

（1）高位价涨量缩，一般出现在经历了一段股价放量上涨的上升行情之后。

（2）高位量价背离是明显的顶部征兆，投资者应及时卖出股票。

卖赚宝典

如果在价涨量缩的次日，成交量立即能够配合股价的续涨，配合增加的话，应视为业已补量，此时应即转变观念，以价涨量增的原则来看待它，这种情况不再是顶部反转的征兆。

信号081　高位量增价跌的卖出信号

价跌量增主要是指个股（或大盘）在成交量增加的情况下，个股股价反而下跌的一种量价配合现象。量增价跌现象大部分出现在下跌行情初期，也有小部分出现在上升行情初期。不过，量增价跌的现象在上升行情和下降行情中的研判法则也是不一样的。

在升势初期，股价经过一段比较长时间的下跌和底部较长时间盘整后，有的股票会出现价跌量增现象。此时庄家为了获取更多的低位筹码，采取边打压股价边吸货的手段，造成股价走势出现价跌量增现象。这种现象也会随着买盘的逐渐增多，成交量的同步上扬而消失，这种量增价涨现象是底部买入信号。

在连跌一段时间后，价微跌而量剧增，则意味着股价已落入低部，后市可望止跌回稳。此时，是选择投资购股的好时机。

在跌势初期，股价经过一段比较大的涨幅后，市场上的获利筹码越来越多，一些投资者纷纷抛出股票，股价开始下跌。同时，也有一些投资者对股价走高仍抱有预期，在股价开始下跌时，还在买入股票。多空双方对股价看法的分歧，造成股价在高位价跌量增的现象。这种成交量放大，同时收盘时还留有上影线的情形，意味着后市将继续下跌。因此高位价跌量增现象是卖出信号（如图 6-2）。

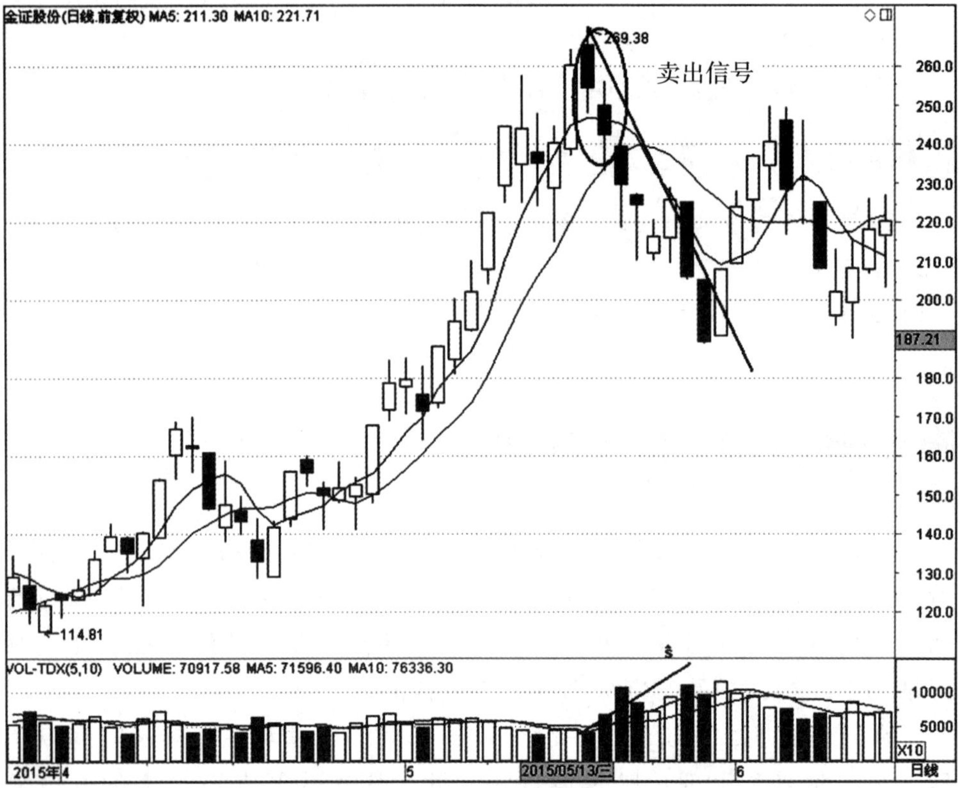

图 6-2　高位量增价跌

在持续涨势中，如果发生价跌量增，则意味着走势反转，后市将呈下跌走势。

在股价初跌段及主跌段，价跌量增表示卖压仍重，后市将持续下跌，行情仍不乐观，是卖出信号。

卖赚宝典

一些投资者对股价的走高仍抱有预期，在股价开始下跌时，还在买入股票，多空双方对股价看法的分歧，是造成股价高位量增价跌的主要原因。不过这种高位量增价跌的现象持续时间一般不会很长，一旦股价向下跌破市场重要的支撑位，股价下降趋势开始形成后，量增价跌的现象将逐渐消失。这种高位量增价跌现象是卖出信号。

信号082　并列大阴量发出的卖出信号

阴量主要是指股价下跌过程中的交易量，其往往出现在调整或下跌行情中，预示着空方力量强大，即卖盘巨大。并列大阴量是由两个连续大阴量组合成的图形。并列大阴量是强烈的卖出信号，投资者应及时卖出股票。并列大阴量根据两个阴量所处的不同位置，又可以分为高位并列大阴量和下降途中并列大阴量两种形态。

1. 高位并列大阴量

高位并列大阴量多在上升波段的顶部出现，是股价见顶的迹象。投资者应迅速抛出手中股票，离场观望（如图 6-3）。

2. 下降途中并列大阴量

下降途中并列大阴量多出现在下跌反弹之后的头两天，这是因为股价经过一段下跌后，套牢的筹码趁反弹之机“逢高减磅”。抢反弹的短线客要抛出获利筹码，看好后市的投资者则“逢低吸纳”，使股市交投活跃，成交量放得很大。但买方不敌卖方的力量，股价下跌连收两条阴线，人气受到严重打击，股价更加一蹶不振，后市阴跌不止。下降途中的并列大阴量发出的卖出信号是非常有效的，投资者应该止损离场（如图 6-4）。

图 6-3 高位并列大阴量

图 6-4 下降途中的并列大阴量

卖赚宝典

庄家往往在低位收集股票筹码，在高位进行派发，以赚取可观的差价。在高位派发股票不是一件容易的事，一些庄家利用利好消息发布或送配除权、填权之际，大量派发股票，致使股价在高位出现长阴线，成交量也急剧放大，形成大阴量。

既然高位大阴量揭示了庄家派发筹码的秘密，投资者应当顺势而为，与庄家共进退，加入做空的行列，出货走人。

信号083　高位并列大阳量发出的卖出信号

阳量是指股价上涨过程中的交易量，其往往出现在调整或上升行情中，预示多方力量强大，即买盘巨大。并列大阳量是指由接连两个基本相等或相近的大阳量组成的图形（如图 6-5）。

高位是指股价上涨 50%以上。高位并列大阳量的卖出信号特别强烈。在高位出现并列大阳量组合，往往意味着该股顶部到来，投资者应择机卖出。因为当股价上升至高位后，在热烈气氛的推动下，该股放出巨量，股价也随之拔高，形成第一个大阳量。第二个交易日，旺盛的买力使股价再创新高，但成交量却增加不多，或与前期持平，甚或略低，形成高位并列大阳量。

高位并列大阳量的卖点主要有以下三处。

（1）并列大阳量相对应的 K 线同时显示见顶信号时，应在大阳量组合形成日卖出，当天无论何时卖出，都可认为是最佳的卖点。

（2）高位并列大阳量相对应的 K 线尚未发出明显的卖出信号，可在第二天选一高点卖出，这一卖点就是最佳卖点。

（3）股价创新高，成交量却不增加，或增加幅度甚微，表明做多意愿减弱，可能是多方的实力消耗过大，再无力增加能量，股价需要调整。并列大阳量明白无误地告诉投资者转为做空，抛出股票，离场休息。

图 6-5 高位并列大阳量

卖赚宝典

如果高位出现大阳量的量值相差太大，超过10%时，就不应当作高位并列大阳量对待，只能通过其他技术指标来判断股价是否走到了尽头。

信号084 高位放巨量收长阴的卖出信号

高位放巨量收长阴的出现，常常是庄家出货的结果。当股价已有了较长时间和较大幅度的上涨后，多方力量已显示不足，此时如成交量忽然放巨量，当日 K 线收长阴线时，通常表示庄家已完成拉高出货。此时如不能及时清仓出局，必被高位套牢（如图 6-6）。

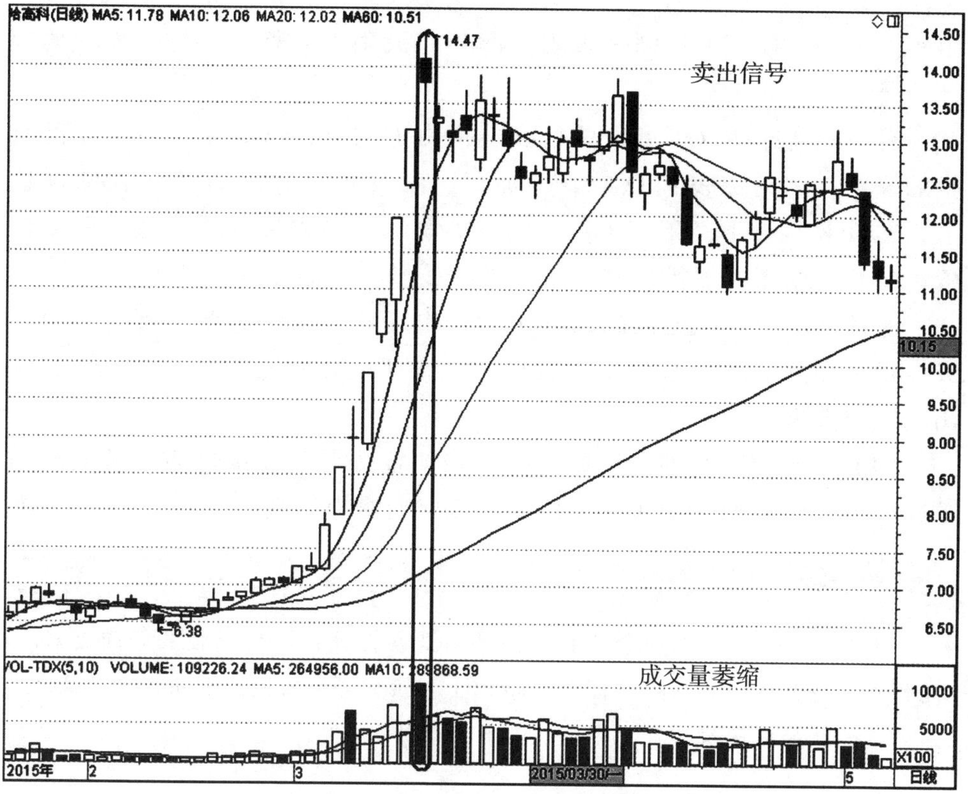

图 6-6　高位放巨量收长阴

利用此方法操作时，投资者应注意以下几点。

（1）上升行情持续较长时间之后，股价自一轮行情的起动点涨幅在 30%以上，该信号才为有效。创出近期新高之后向下倒放的中阴线，往往带有较长的下影线。

（2）注意两种行情的高位概念：其一，上攻行情的高位是从本轮行情的启动点计算；其二，反弹行情从反弹点计算。在满足高位升幅和近期巨量特征后，对于反弹行情而言，其前期高点附近往往是反弹顶部的形成区域。

(3) 顶部大量有几种状态要注意：其一，股价大跌，庄家出货意愿坚决。其二，股价大涨。如成交量已连续放大，表明庄家可能强势拉高出货。其三，顶部大量同时表现为两相邻大阴大阳相吞，是较强烈的顶部信号。

有一种情况使这种见顶信号表现得更加明显，这就是一只在底部盘整的股票，因为突发消息或其他原因，某一日开盘后直接封在涨停板上，在日K线图上留下一个跳空的点。第二天又直接开在接近涨停的位置，然后开始振荡下行，并伴随巨大的放量，从而形成此种走势。

这种情况下短线见顶的概率更大。出现这种第一天跳空涨停，第二天放量见顶的情况，原因往往是某些机构埋单之后短线炒一次，快进快出的庄家典型操盘手法。

(4) 对超级强势股，要结合其他相关技法对其顶部性质或洗盘性质重新确认，但稳健的操作应在顶部特征出现时出局观望。

卖赚宝典

高位放巨量收长阴的卖出信号，必须是在上升行情持续较长时间之后，股价自一轮行情的起动点涨幅在30%以上，该信号才有效。创出近期新高之后向下倒放的中阴线，往往带有较长的下影线。

信号085 顶量不足的卖出信号

经过一段时间上涨后，股价会形成头部并开始回落，回落到一定价位止跌，这个头部区间的成交量就是顶量。顶量不足，是指在高位长期盘整之后，庄家发力上攻，创出新高，但此时的成交量与先前发动行情时的成交量相比，显得过于萎缩（如图6-7）。

此时庄家面临两难抉择，或是于第二天、第三天发力抬升股价，或者苦于自身实力不足，市场又缺乏跟风盘，庄家打退堂鼓，在高位引身

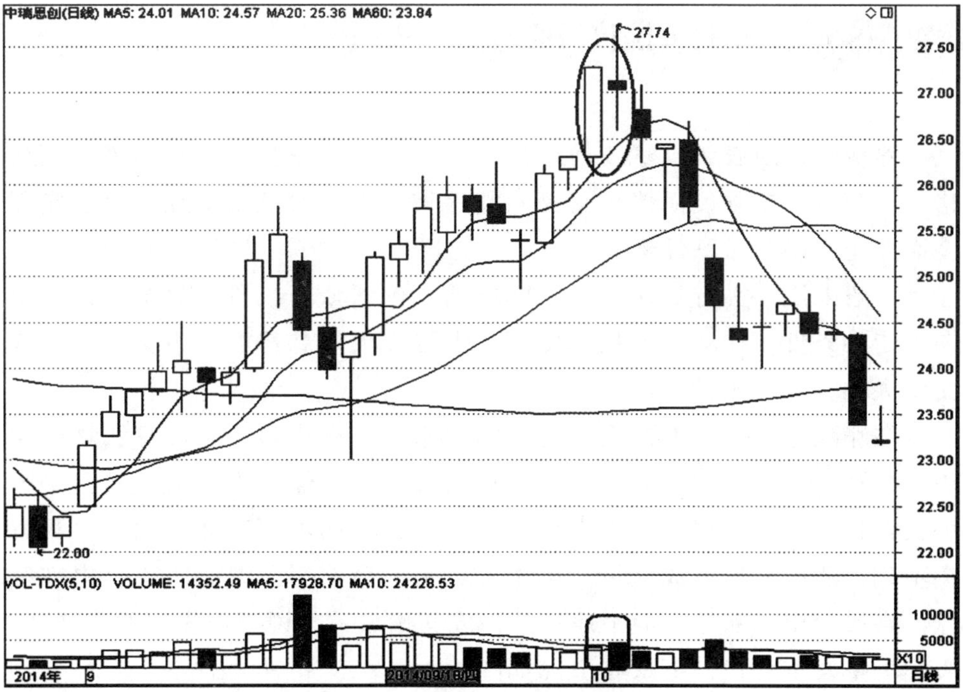

图 6-7　顶量不足的卖出信号

而退。此时庄家往往选择引身而退，并于第二天下单出货，悄悄派发筹码。投资者往往认为这不过是长期盘整的继续。

之后，庄家会不断派发筹码，这样就会使股价跌破长期盘整区域，下跌行情就会随之到来。长期在高位盘整的个股，某日发力上攻时的成交量不足，第二天、第三天走势疲弱时，投资者应当及时出货走人，以免被深度套牢。

卖赚宝典

顶量不足卖出法，是针对在高位盘整已久、欲攻乏力的个股而言。此时庄家先是诱多佯攻，见缺乏跟风盘就反手做空。投资者应在欲攻无量中顿悟该股已处在下跌前夜，一旦庄家开始连续杀跌出货时，投资者就可以顺水推舟，出货走人了。

信号086 巨量打开涨停板的卖出信号

停板是指因股票价格波动超过一定限度而停止交易。其中因股票价格上涨超过一定限度而停止交易叫涨停板，因股票价格下跌超过一定限度而停止交易叫做跌停板。

一般来说，实行涨跌停板制度以前，价增量升，价跌量缩，是股价向上走的条件。在涨跌停板制度下，大涨和大跌趋势继续下去，却以成交量大幅萎缩为条件。

在涨跌停板制度下，量价之间的关系是：涨停量小，续涨；跌停量小，续跌。在涨停板制度下，如果某只股票在涨停时没有成交量，是因为卖方目标更高，想今后卖出更高的价钱，因而不愿以此价抛出。买方买不到，所以才没有成交量。第二天，买方会追买，因而股价会出现续涨。当股价出现涨停，但中途打开，成交量放大，说明想卖出的人增加，买卖力量发生变化，下跌有望（如图 6-8）。

2015 年 4 月 20 日，中国南车（601766）（中国南车复牌后更名为中国中车）以涨停价 39. 47 元开盘，就在股民纷纷庆幸即将斩获又一个涨停板时，中国南车午后突然被巨量打开涨停板，盘中一度下跌 8%，收盘下跌 1. 39%。如果投资者在巨量打开涨停板的第一时间卖出股票，还是能够挽回一些盈利的。因为自此开始，中国南车打开了一路下行通道：4 月 21 日，中国南车低开 5%，并很快巨量封死跌停；4 月 22 日，中国南车盘中依然达到过跌停，全天均价仍在-5%以下……尽管期间有过超跌反弹，有过停牌后复牌涨停，但都依然难挽中国南车下行的颓势。

卖赚宝典

止跌涨停、龙头涨停或尾市跳水涨停等后市利润较大的涨停，投资者宜参照 30 分钟的 30 周期均线，当其走平或高位振荡时，应果断离场。

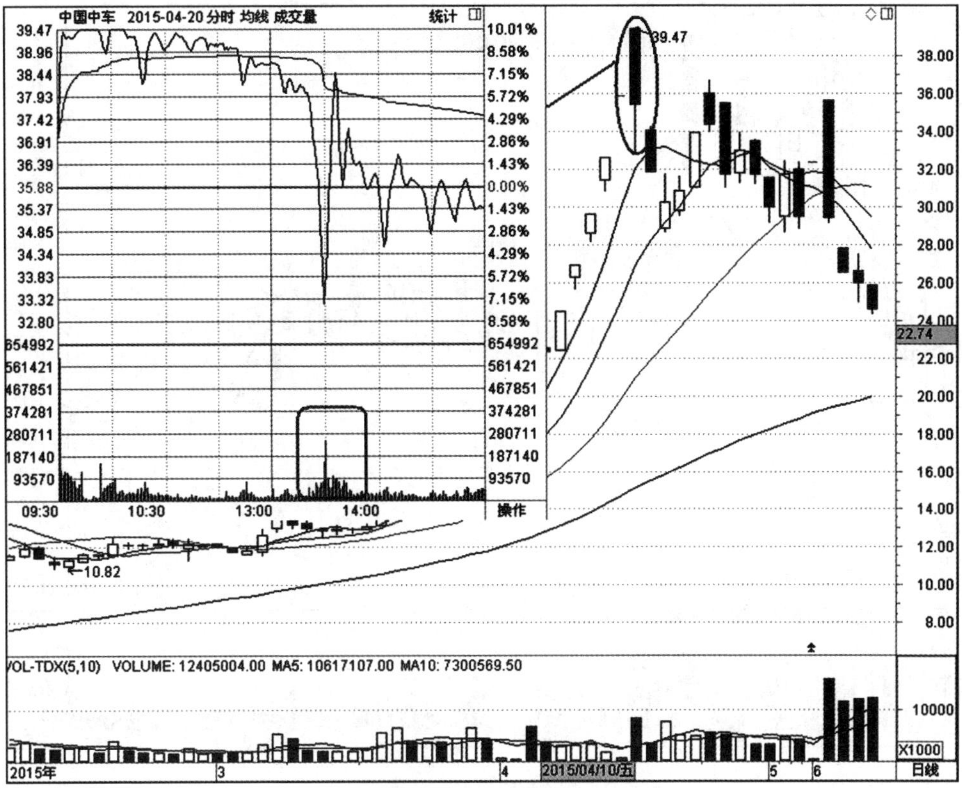

图 6-8 巨量打开涨停板

信号087 堆量滞涨的卖出信号

堆量是指成交量在某个价位附近出现持续放大，巨大的成交量堆积在一起，形似一座小山。所谓堆量滞涨，是指股价出现堆量后并没有上涨，而是反复振荡，或者即使上涨，力度也很弱，量价背离严重。

实践经验表明，堆量滞涨属于危险信号，应该卖出股票，而不是买入，从而避免落入庄家的陷阱（如图 6-9）。

堆量滞涨的实质是，庄家通过堆量造成一种股价即将上涨的假象，诱骗众多投资者进场，而庄家趁机出逃。

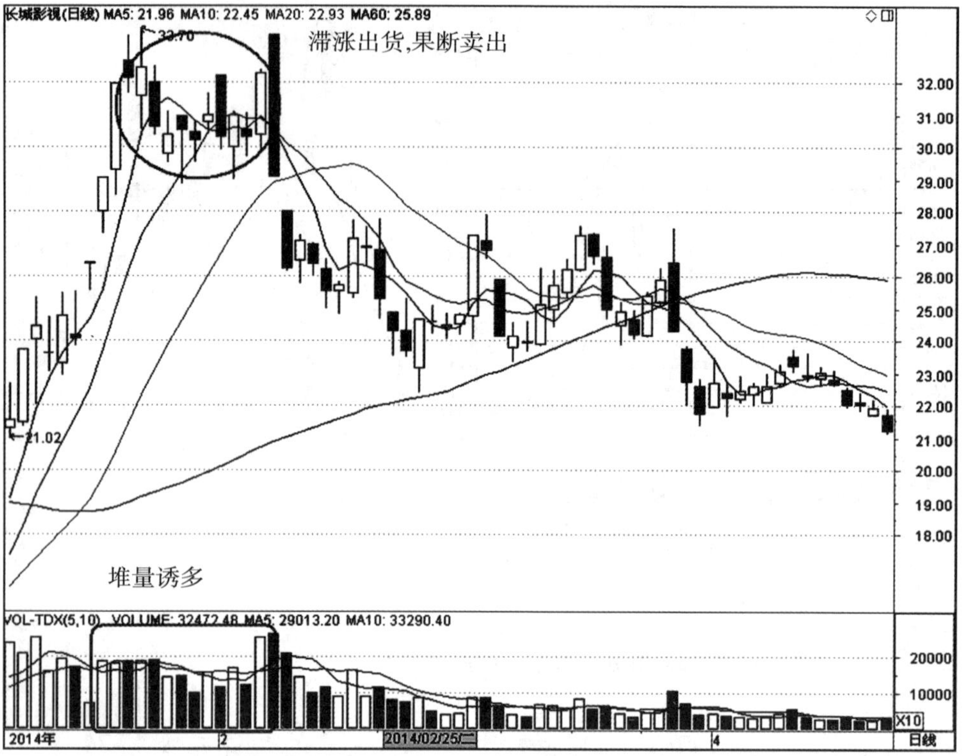

图 6-9　堆量滞涨

堆量滞涨主要表现为以下两种形态。

（1）刚刚除权的股票。除权是由于公司股本增加，每股股票所代表的企业实际价值（每股净资产）有所减少，需要在发生该事实之后，从股票市场价格中剔除这部分因素形成的剔除行为。

有些股票除权后出现明显的堆量滞涨，这是庄家利用除权后的“廉价”效应造势骗人。其特点是成交量持续放大，股价强势横盘或小幅上涨，给人以放量走高的印象。一般而言，除权后出现堆量的股票，往往会出现破位下行，并且幅度相当大。所以说，对于这种除权堆量的股票，短线投资者一定要高度警惕，果断出逃，且不可盲目买入。

（2）弱市逞强。弱市中不宜入市，以清仓观望为上策，这是投资专家对广大散户的公式式训导。许多散户面对疲弱的市道茫茫然不知所措，吃进怕套牢，抛出又怕踏空。有些庄家被套后喜欢逆市拉升，因为在大盘持续走低的情况下，放量堆高非常容易引起市场的关注，也容易引起投资者的介入。这种股票很多都是过去曾经大幅炒作过而庄家又未顺利出逃，并且庄家仓位很重。为了尽快出逃，庄家经常采取不计成本杀跌的方式出货。

卖赚宝典

堆量滞涨的欺骗性极大。这种技术形态之所以能欺骗众多投资者，主要因为其成交量持续放大，交投非常活跃。

信号088　下跌放量的卖出信号

下跌放量是指股价下跌的同时成交量放大（与前几个交易日相比较）。所谓放量，是指大盘或某只股票在某天或某一时段交易踊跃，成交量大幅增加。比如平常每天成交量是几百万手，突然一天成交量达到几千万手。放量交易表明该股会出现行情，但是涨是跌要进行具体分析。

股价从波峰往下跌的时候，成交量变化规律呈现出两放三缩的变化态势，也就是所谓的缩量—放量—缩量—放量—缩量。在股价下跌过程中，投资者一般有两次逃命的机会。股价第一次放量下跌，如果大部分投资者还存在侥幸心理，不会舍本逃命，那么对于股价第二次放量下跌，投资者就绝不能再错过最后的逃命机会了，甚至亏本也要在所不惜。如果错过这次逃命机会，恐怕将会严重套牢。

下跌行情中出现放量的情况，是最强烈的卖出信号。尤其是对应的K线图也收大阴线的情况，更是如此（如图6-10）。但是千万不要以为对应的K线图为阳线就可以放心，因为庄家可以在收市的最后几分钟将本来收阴线的K线图改成小阳线。所以当投资者遇到那种小阴小阳下跌的情况，千万要提高警惕，这十有八九是庄家麻痹投资者设计的骗局。

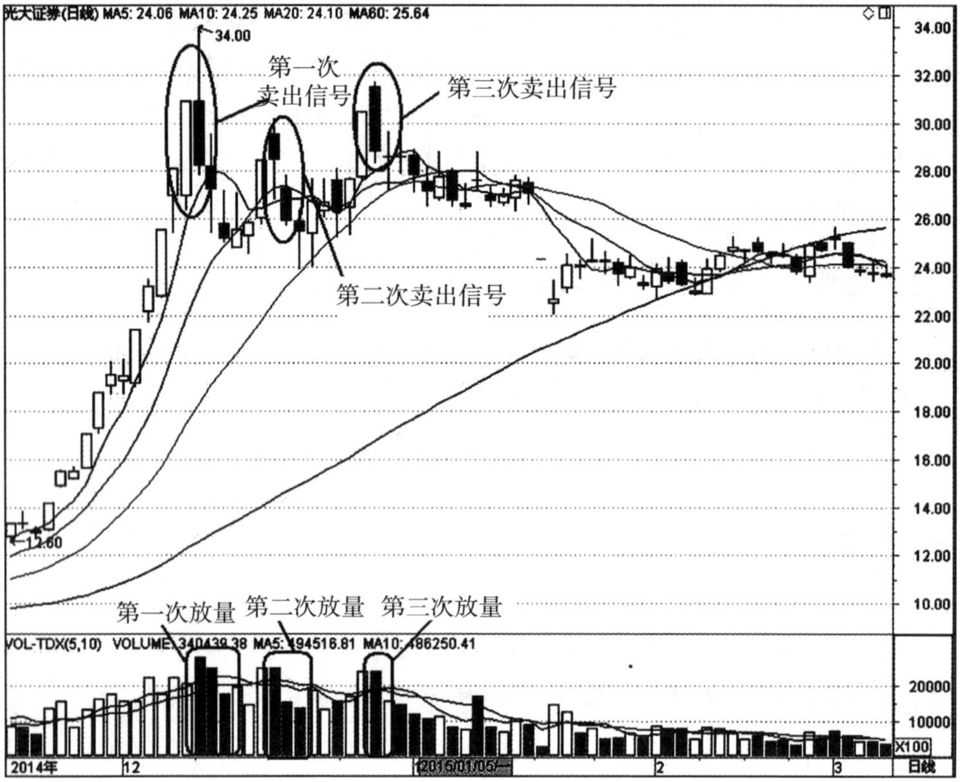

图 6-10 下跌放量

卖赚宝典

一般来说，投资者最好在股价第一次放量下跌时果断出货，尤其是到第三波行情时，更可以放心地确认出货时机。

第七章

庄家动作分析确认卖出信号

信号089 各周期庄家出货的卖出信号

长线庄家运作周期至少在一年以上，有的甚至两三年或更长的时间。股价的上涨幅度很大，一般至少在一倍以上。长线庄的控盘程度也很高，常常达到60%~80%，个股走势有明显的坐庄阶段。长线庄家的综合实力非常雄厚，在宏观面、政策面、个股基本面上都能较好地把握（如图7-1）。

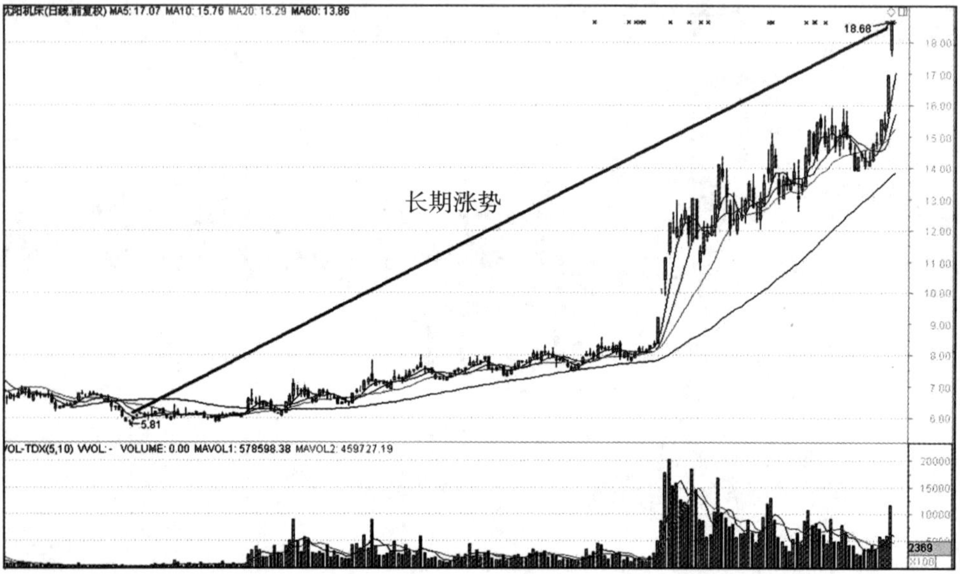

图7-1 长线庄家

中线庄家运作的周期一般为半年到一年左右，控制流通筹码约50%，建仓时间约一两个月，个股上涨的幅度视大盘的情况而定，最少在40%以上。往往借助大势的中级行情，或一些利好和个股基本面的重大变化拉高，或通过板块的联动节约成本，较短时期内完成派发。

短线庄家运作周期仅仅几周或几个月，在操作过程中重势不重价，持仓量不太确定或比较少。多见于抢反弹走势中，在股票价格相当低的位置介入，随后快速拉升。在拉升的过程中进行较大的换手，一旦引起市场的广泛关注，中小散户跟风介入的数量较多时，便会迅速出局。

卖赚宝典

无论是长线庄家，还是中短线庄家，常常借助于目标股的基本面重大变化炒作题材。多半在消息披露之前就开始进场，然后借助利好乘机拉高出货。股民对那些公开披露的消息要格外留意，发布哪类消息的目的是拉升，哪类消息是出货，一定要分清，要结合盘面、股价涨幅、目标价位等进行研判。

信号090 长阳跳空式拉升的卖出信号

采用这种方式拉高的庄家，一般资金实力都十分雄厚，在低位收集了大量筹码，操作手段极其凶狠。一般情况下，洗盘完毕后，庄家会采用连续拉大阳线或涨停板的方式迅速推高股价，在K线组合上形成长阳线或向上跳空的形态。这样做既可以节省资金，缩短拉升时间，又可以打开上升空间。特别是当个股有重大题材即将公布时，庄家往往会迫不及待地拉高股价。

当顶部出现长上影线，并伴有较高的换手率，振幅接近10%时，就是拉升进入末期的标志，是卖出信号（如图7-2）。

卖赚宝典

采用这种拉高方式的庄家，并不在乎剩余筹码的威胁。如果散户中途下马，立即就会后悔，因为其操作的股票一般都会成为市场中的“黑马”，最易引起跟风盘的追涨。

在牛市时，这种长阳式拉升会反复上演，一般有三次以上的拉升，每次拉升有1~3根大阳线。股民可根据个股情况调整操作步骤，及时跟进或卖出。

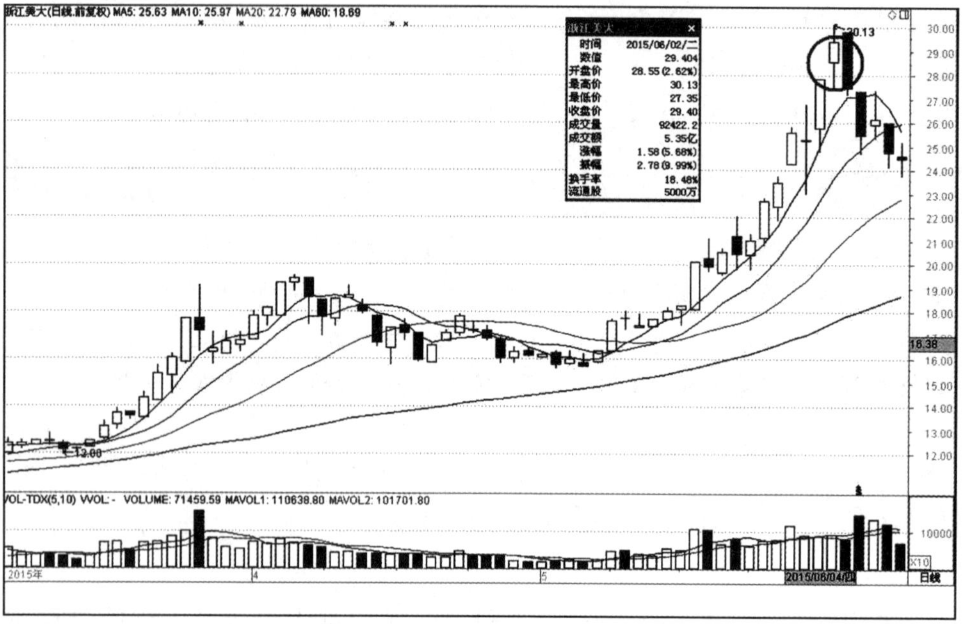

图 7-2 长阳跳空式拉升的卖出信号

信号091 波段上扬式拉升的卖出信号

波段上扬式拉升这种方式多发生在大盘股及中盘股中，在市场中表现出十分稳健的姿态，比较容易被投资者接受。其特点是股价有起有伏，一波又一波，状似浪涌，但股价的低点和高点不断抬高，就是所谓的一浪高过一浪。

该手法通常在拉升过程中进行洗盘，尤其是在重要阻力区域，以小回落或横盘震荡的整理走势来消化阻力，并完成散户由低成本向高成本换手的过程，尽量减轻上行时的压力。当波段规律不再时，就是变盘信号，此时股价或向上猛拉，或向下调整，保守型股民可以择机建仓或卖出（如图 7-3）。

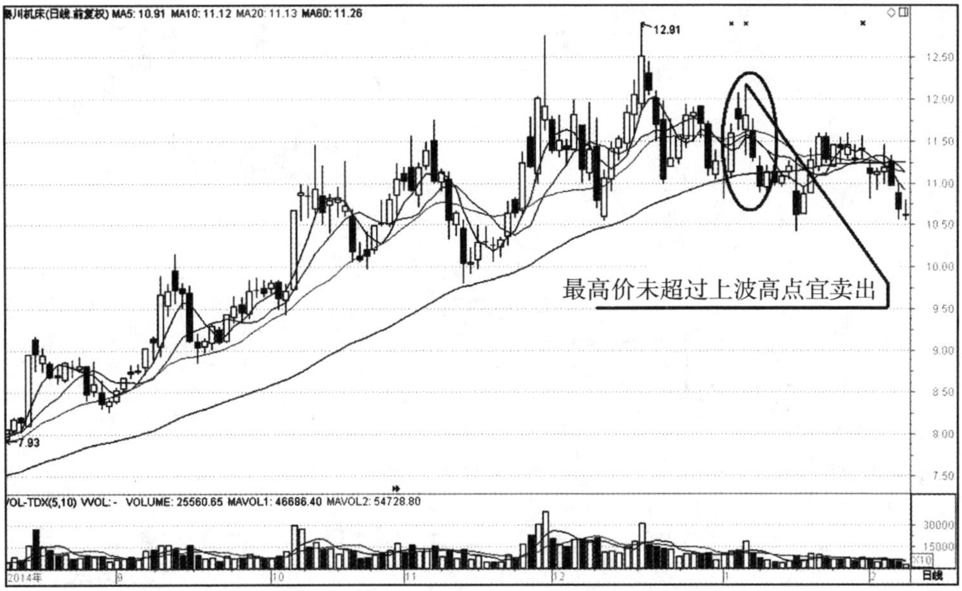

图 7-3　波段上扬式拉升的卖出信号

卖赚宝典

需要注意的是，不同的庄家和不同的操盘手，在不同大势条件和不同股价涨幅条件下，其波浪的幅度和波长会产生很大的差异。

信号092　阶梯轮涨式拉升的卖出信号

阶梯轮涨式拉升，这种拉高方式是指庄家将股价拉高一截后，就整理休息一段时间，然后再拉高一截，之后再休息一段时间，在 K 线组合上形成一个一个的台阶。每个台阶的第二根中阳线往往确定本轮台阶的顶部。

当某个台阶顶部盘整时间过长，超过上一台阶顶部时间一倍时，往往意味着变盘开始，可择机选高点卖出（如图 7-4）。

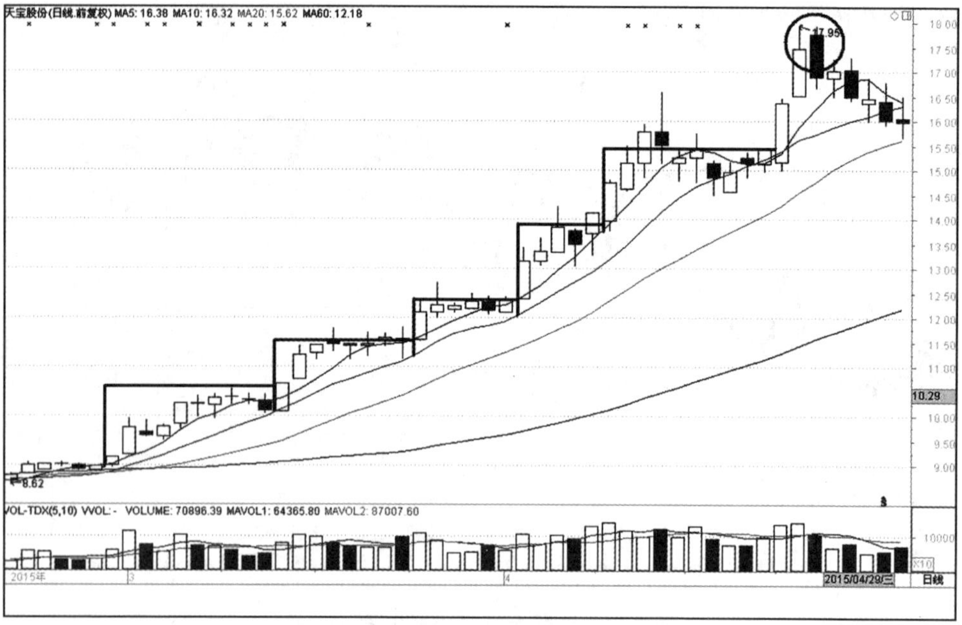

图 7-4 阶梯轮涨式拉升的卖出信号

卖赚宝典

采用这种方式拉升的主要有三类庄家。

(1) 资金实力不够，控盘能力不强，顶不住市场获利盘的抛售压力，只能采取循序渐进、稳扎稳打的方式拉高。

(2) 操盘手性情较为温和，喜欢不温不火地做波段。

(3) 可能因为保密工作做得不太好，跟风盘太多，因此采用这种方式赶走跟风者。

信号093 横盘整理式拉升的卖出信号

横盘整理式拉升，这种拉升方法类似于波浪式拉升，但形态上没有波浪式拉升规范好看。其主要是拉升一段距离便调整一段时间，有非常明显的边拉边洗的味道。横盘整理后会有一个向上突破，拉出大阳线后，顶部出现星线是卖出信号，星线后一般会有大幅下跌（如图 7-5）。

图 7-5　横盘整理式拉升的卖出信号

卖赚宝典

通过这种方式，庄家可以不断地降低持仓成本，调整筹码结构，同时也降低了跟风者的盈利幅度，提高了持仓成本。

信号094　平台递推式拉升的卖出信号

平台递推式拉升这种拉高方式，就是庄家沿着一定斜率的直线拉高股价，在当日走势上，表现为下方有大量大额买单，以显示庄家实力，然后一分一秒地把股价往上拉升。拉升一段时间后，还常常放下鱼钩，吸引买盘逢低吸纳，然后又将股价拉上去。

在拉升的过程中，每拉出一个长阳，便构筑一个平台。当跳空构筑平台时，意味着本轮拉升即将见顶，走出跳空高开大阳线或跳空高开大阴线时，就是卖出信号（如图7-6）。

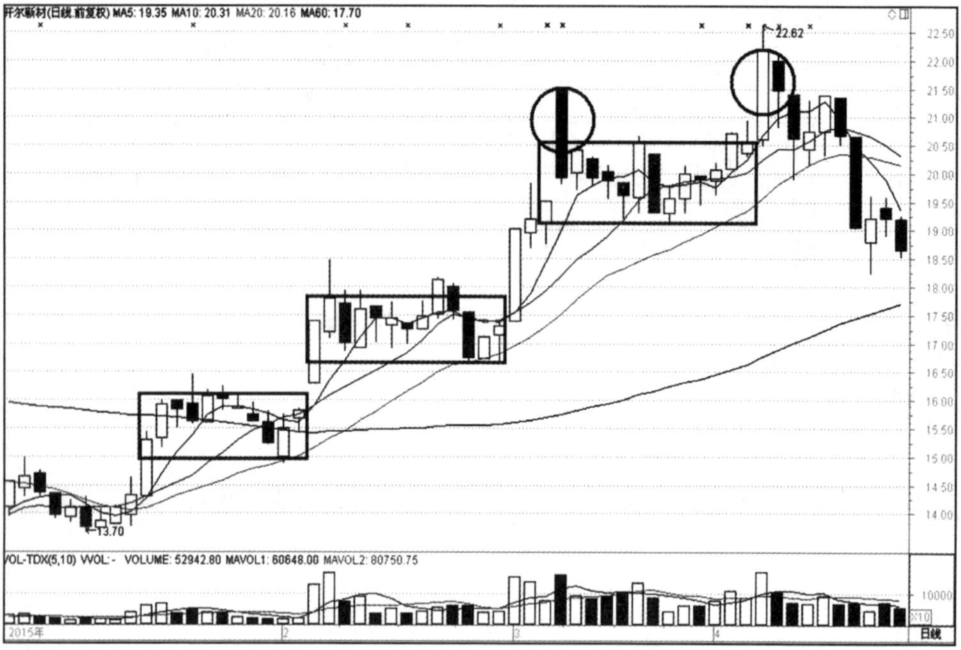

图7-6 平台递推式拉升的卖出信号

卖赚宝典

采用此法拉升的庄家实力一般较强，出货时往往还会有上市公司题材配合。采用这种拉升方式的个股，股价不会一蹴而就地涨到位，只要评估清楚庄家的持仓成本和目标价位区，还是可以稳妥追高的，但一定要在庄家出货前下车。

信号095 逼空上攻式拉升的卖出信号

出现逼空上攻式拉升时，目标股一般都是处于市场的热点板块，并且大势也十分火爆。

这种拉高具有以下特点。

(1) 庄家在拉高的过程中，可以保持一段时间内股价不出现明显的回调。

(2) 从操作效果上来说，只要抛出就接不回来，或者说要以更高的价格买回。

对于逼空上攻式拉升，可在阶段性见顶时卖出，顶部信号包括大阳线、向上跳空大阴线、顶部星线反转、顶部三阴线等（如图 7-7）。

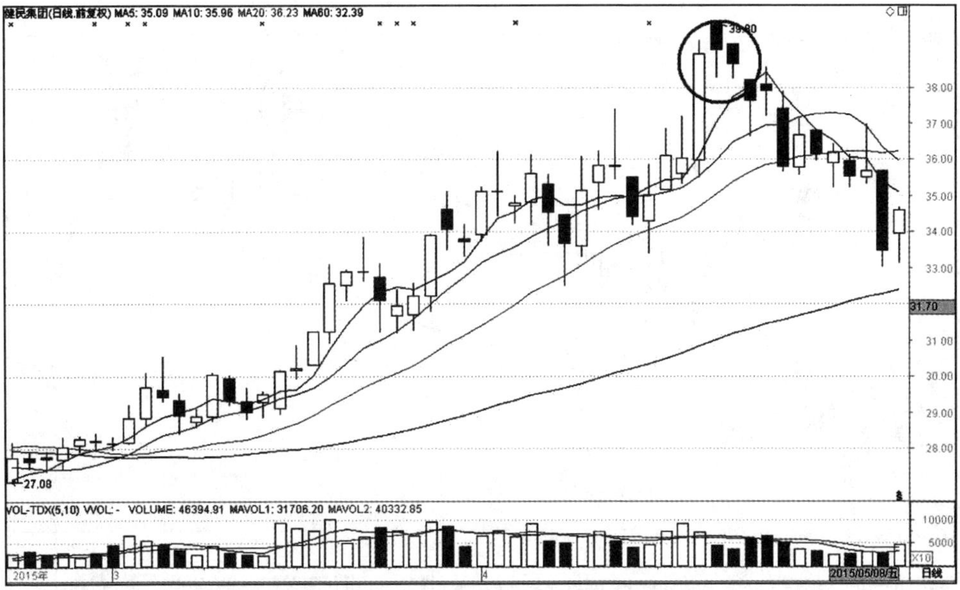

图 7-7 逼空上攻式拉升的卖出信号

卖赚宝典

随着庄家的逼空，市场上投资者的成本越来越高，当然庄家的成本就越来越低。遇到这种行情，如果判断不清庄家的动作，投资者最好的应对办法就是捂股不动，不要轻易追高。在股价见顶的高位上，将股票全部抛出。

信号096　无机震荡式拉升的卖出信号

无机震荡式拉升过程中，庄家对筹码的控制具有绝对的主动权。一般而言，这类庄家资金雄厚，股价以小阳方式连续上扬，并且常常不理会大盘的涨跌。操纵股价时不讲章法，我行我素，独来独往，个股走势完全取决于庄家的意图。其拉升的目标都非常高，个股的市场跟风盘也十分良好（如图 7–8）。

图 7–8　无机震荡式拉升的卖出信号

卖赚宝典

对于这种庄股，大胆的散户完全是博傻式跟进，无法预测其目标位。或者是被快速拉高的暴利效应诱惑，在高位接下庄家大量的筹码。随机拉高表面上看似无章法可循，但股价还是有运行规律的，如能估算出庄家的目标价位，依然可以在高位套现。

信号097　多维复合式拉升的卖出信号

有些庄家坐庄时还未形成自己的风格，其炒作的股票在拉升过程中的手法不是单一的，而是多种多样。有些老练的庄家为了赶走跟风盘，在拉高手法上也常常出新，让普通投资者弄不清到底是拉高还是已经出货。应对这种复杂的情况需要判断大势，采用量价分析的办法确定卖出信号和时机。

卖赚宝典

庄家的拉升方式都是从走势形态上来论述的。既然是拉高，就是股价向上走。俗话说：条条大道通罗马。不过每条道路的线路不同，路况不同，花费的时间也不同，但最终目的却是相同的——股价上涨。掌握了庄家的拉高方式之后，散户可以有所准备。

信号098　向上盘整时的卖出信号

股价表面上是在一段急速下降后进行整理，但是“空”转“多”的“盘整”明显表现出人气聚拢。盘整开始后，龙头股和前锋股开始出现较大的上涨，上涨股票开始增加，成交量随即扩大。表现在个股上，则是价涨量增（如图 7-9）。

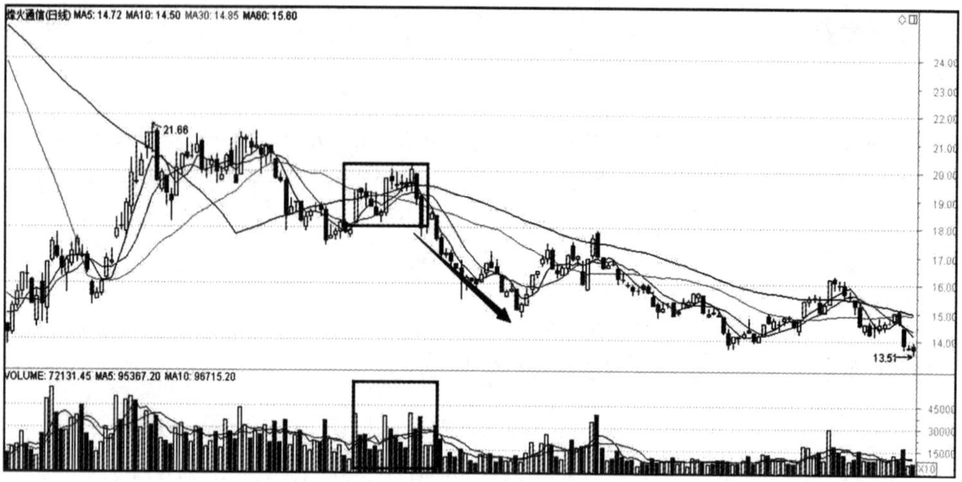

图 7-9　向上盘整假突破时的卖出信号

当出现以下几种情况时，盘局就会向上突破了。

（1）突然出现利多消息，或者利多消息已经明朗化，使得投资者顾虑消失，纷纷进场或扩大购买量。

（2）庄家大户在盘局中不断挺进，股价浮动日益减少，上档没有压力。

（3）股票发行公司的业绩仍维持一定的水平，投资者发现情况并非像原来想象的那么坏，因而回过头来再次买进。只要资金没有离开股市，只要行情不下跌，下档风险不多时，就又纷纷进场。

卖赚宝典

盘整是庄家操作个股的一个必经阶段，也是庄家必用的一种手法。投资者要了解“盘整”以及盘整的形成原因，用以判断整理完成的情况。尽管向上调整后会有更大的获利空间，但对于保守型的投资者来说，在向上盘整时的高点获利卖出也是理性的选择。

信号099 向下盘整时的卖出信号

如果盘整的结果是“多”转“空”，最终向下突破，一般盘面会有下面所列的几种情况。

（1）在盘整过程中忽然有利空消息传出，致使许多原来还未下决心的持货者坚定了做空态度并抛出手中股票，使市场抛压积聚。

（2）在盘整过程中，市场大户逐渐售出持有的股票，把接力棒传递出去，任凭其在散户之间换手，直至无人接棒，股价就会向下跌落。

（3）在盘整过程中，从事短线操作的投机者以及广大散户均不看好后市，纷纷退出，以实现现有账面盈利或保本出逃，结果同样造成市场抛压沉重，股价趋跌（如图7-10）。

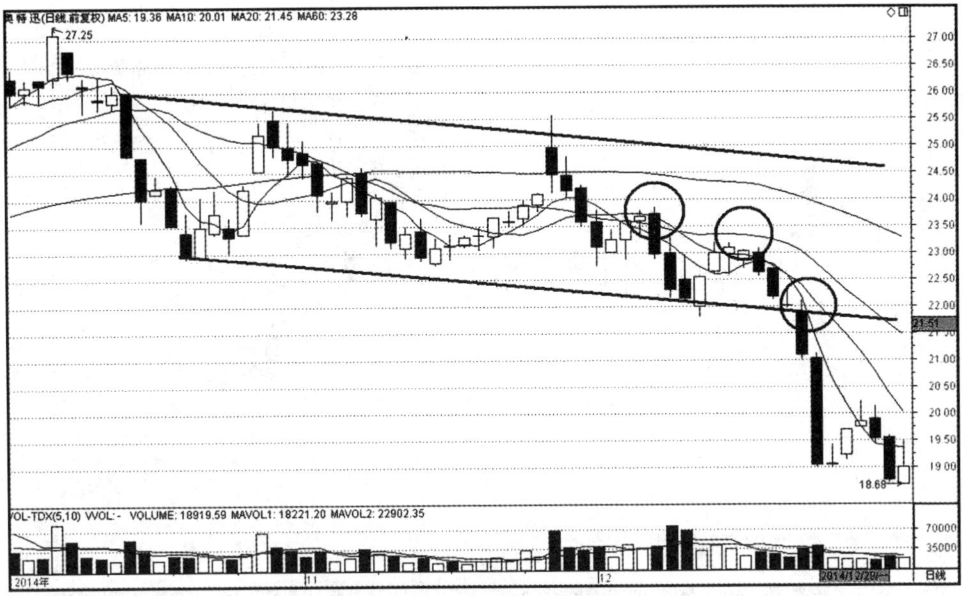

图7-10 向下盘整时的卖出信号

卖赚宝典

向下盘整时，下跌股票会增加，而投机性较强的个股下跌更大，成交量大幅增加。表现在股价上，则是价跌量大增。遇到这种情况，意味着向下调整开始。保守型的投资者可以减仓，或清仓观望。向下盘整时，可依据双重顶、三重顶、通道理论确定卖出信号。

信号100 利好消息井喷发出卖出信号

庄家出货前，各种利好消息不断。无论是从正规的媒体如证券报刊、电视台、广播电台等出现各种投资价值分析报告，还是网上的各类传闻，均出现井喷之势（如图7-11）。

各类公私媒介大肆宣传目标股，有些股评人士也在大力推荐。这些

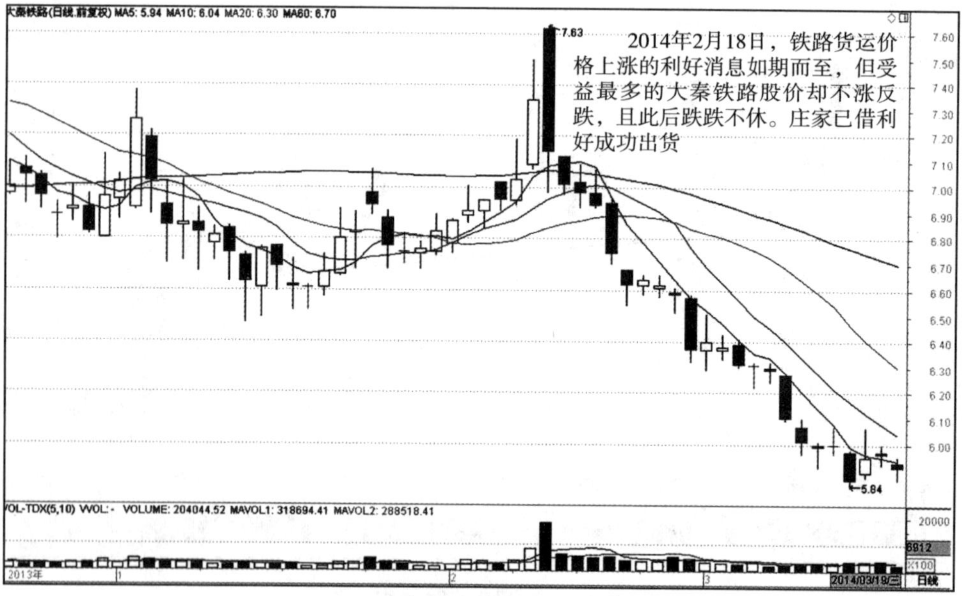

图7-11 利好消息发布股价却大跌

宣传无非是想证明该股价格与价值背离，股价严重低估等。如果短线投资者仔细留意一下，就会发现这些报告大多在股价翻番的时候出现。在刚开始上涨时，是不会有这些好消息的。

投资者必须记住这样一句股市格言：利好出尽是利空。这无非是证明庄家萌生退意，故意放出烟雾弹，为掩护庄家顺利出逃做准备。当然，投资者也可以将计就计，利用这些消息作反向分析，在利好消息兑现前出货。

卖赚宝典

出货派发是庄家市场运作过程中的最后一道程序，当然也是非常关键的一个环节。任何一个庄家，只有将手中的筹码派发出去，才能使账面盈利变为实实在在的获利。

对于各类利好消息，要冷静分析一下，如果股票真的如此超值，庄家就该大量扫货，没有理由广而告之，而且还要倒贴广告费来免费告诉大家。股市上也没有这样的好事！

庄家的目的无非是通过这两种手段使跟风的投资者增多，庄家稍一发力，跟风盘就蜂拥而来，庄家派发就极为轻松了。所以利好涌现之时，就是股票卖出之时。

信号101　股票价位涨幅巨大发出卖出信号

庄家坐庄是有目标价位的。涨幅较大，目标达到之时，自然是出货之时。所谓的目标达到，其实就是一个加倍取整理论，这个方法在股市中还没有被广泛地应用。一种理论在市场中掌握的人越少，可靠性就越大，所以这是判断股票高点的一个好方法。

简单地说，我们准备买进一只股票，最好的方法就是把加倍和取整方法联合起来分析。当你用几种不同的方法预测的目标都是某一个点位的时候，那么在这个点位上就要准备出货。当然，还可以用其他各种技术分析方法来预测。当预测的目标位接近的时候，就是庄家可能出货的位置了（如图7-12）。

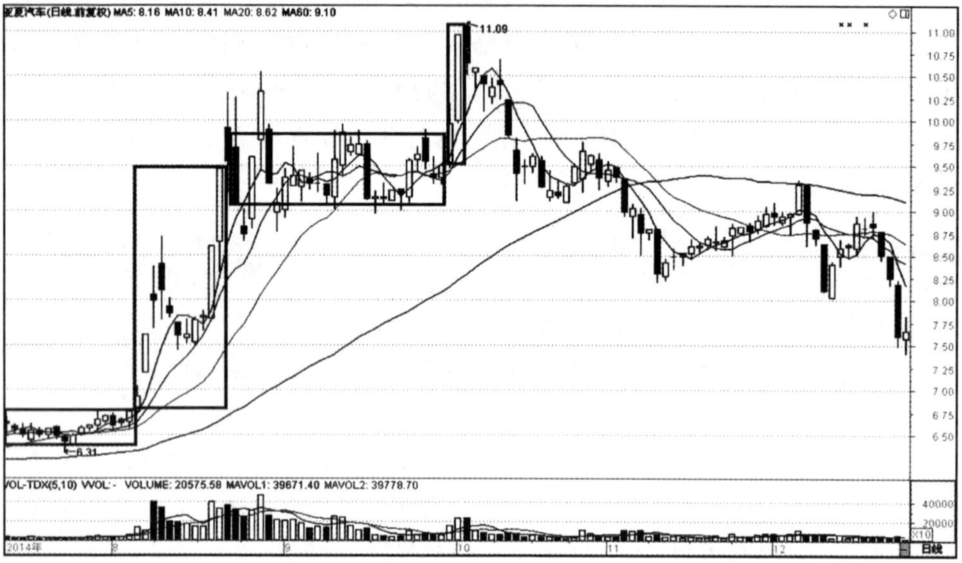

图7-12 股票价位涨幅巨大发出卖出信号

一般而言，庄家从建仓到出货的价格空间，要有一倍左右的涨幅，这样庄家才能有50%左右的利润，这种利润要在较为平静的大势中才能取得。若大势不好，庄家的利润就要减少。若大势较好，庄家就会更上一层楼，把价格拉得更高，以获取更丰厚的利润。证券市场是一个唯利是图的地方，股市绝对不相信眼泪。

卖赚宝典

庄家坐庄绝不希望以亏损告终，投资者在跟庄时，可以利用黄金分割律来分析庄家拉升的目标价位。一般而言，庄家的保本涨幅为0.618倍，这种升幅只够庄家资金保本出局，这种情况除非是有重大利空出现，否则庄家不会出局。后面的几个关键升幅倍数是：0.809，1.191，1.382，1.618，1.809等黄金分割数字，以此类推（如图7-13）。

庄家坐庄都会有一个详细的操盘计划和要达到的目标升幅与利润预期，这种绝密资料投资者无法得到，但我们可以看股价在关键点位上的表现情况：若情况良好，则继续持有；若情况恶化，则坚决离场。

另外，庄家在大举出货前，一般都有一个快速拉高的阶段。若要其死亡，必使其疯狂，股价都是在疯狂中见顶的。所以我们要特别关注出现这种走势的股票。

首先要判断的是，股价已经到达了庄家拉升的目标位。这一点虽然属于商业秘密，但投资者可以根据价格的涨幅来大致推断。高位滞涨，也就是说，当股价处于高位，并且目标股的基本面、技术面和大盘都向好的情况下，该股不涨，有时甚至下跌，说明庄家有出货嫌疑。这时投资者就应卖出自己的股票，落袋为安。

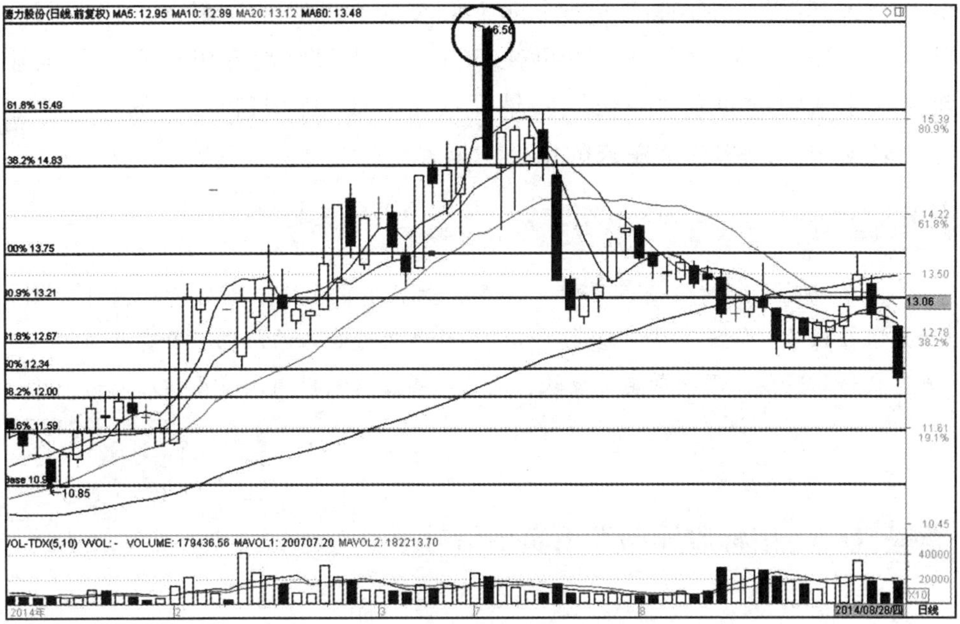

图 7-13　运用黄金分割线确定卖出信号

信号102 量价异常发出卖出信号

如果一只股票出现滞涨，量价表现异常，投资者就要小心了。形态、技术、基本面都应上涨的股票，股价却不涨，这可能是庄家出货的前兆。

这种例子在股市中是非常多的。有些是形态上要求上涨，结果不涨；还有的是技术上要求涨，但该涨不涨；还有的是公布了预期的利好消息，基本面要求上涨，但股价不涨，这都是出货的前兆。某只股票在走势形态、技术面和基本面都配合良好时，综合判断该股应上涨却不涨时，就是庄家出货的征兆。

从技术面上来看，如果是该涨不涨的话，庄家利用人们对该股突破的预期大肆派发，有时甚至来个向上假突破，诱骗大家跟进。然后再突然回抽，先套住跟风盘。接着再往下派发，让跟风盘低位补仓，甚至让第一次不敢跟进的人“低位”吸纳，从而形成一种温和放量的趋势，让庄家轻松出逃。这就是庄家的反技术操作。

卖赚宝典

在价格处于相对较高位置时，出现放量不涨或涨得很少的情况，可确定为庄家在出货。价量关系不正常，证明了庄家不可告人的阴谋。还有就是周五走势良好的股票，周一却走势疲软，也可证明庄家利用周末推荐效应来出货。

信号103 指标股异动发出卖出信号

大市启动之初，指标股领先上扬，带动大市上涨，说明庄家不是出货，而是想利用指标股启动行情。若大市已上涨很多，个股行情火爆，领涨板块滞涨，这时庄家启动指标股上涨，说明庄家很可能是在利用指标股拉高指数掩护出货。指标股出现异常表现是卖出信号。

卖赚宝典

大庄家出货时，总是会把声势造得很大，股评也众口一词，说大盘将不断创出新高。其实这是掩护庄家出场的烟幕弹，目的是为了掩护大部队撤退。庄家往往会拿出一部分资金，抓住一些盘子小、有朦胧利好题材的个股大炒特炒，这样就能帮助大庄家稳住大盘，使大庄家得以苟延残喘，获得更多的顺利出逃时间。

信号104　高位振荡盘整换手充分的卖出信号

盘整是指股价在一段时间内波动幅度小，无明显的上涨或下降趋势，股价呈牛皮盘整。该阶段行情振幅小，方向不易把握，是投资者最迷惑的时候。

换手可以简单地理解为股票从一个人那里卖给另一个人，即买卖成交。如果投资者能够将换手率和股价结合分析，就可以对未来股价走势作出预测。某只股票的换手率突然上升，成交量放大，可能意味着有投资者大量买进，股价可能会随之上扬。股价经过大幅上涨后振荡盘整，上攻乏力，成交量并没有明显萎缩，在振荡阶段的股票总换手率较高。这种区域性的量价背离，预示着即将出现顶部反转（如图7-14）。

高位振荡盘整，换手充分，表明庄家出货的可能性很大，是明确的卖出时机。具体分析如下。

（1）股价大幅上涨，使得庄家的利润空间增大，出货动力也增大。同时，在高价区域，从横向比较来看，成交量属于缩量整理状态。

（2）从换手率角度看，高位大量换手不是一个好兆头，预示着庄家可能完成出货，股价即将下跌。在此情况下，投资者如果持股不抛，或者买入股票等待下一轮上涨行情，则往往会被套牢。

图 7-14　高位振荡盘整换手充分的卖出信号

卖赚宝典

在操作时，投资者应注意以下几点。

(1) 高位振荡盘整的阶段就是卖出时机，应果断平仓出局。

(2) 这种量价背离的走势，应当是在股价已有大升幅后，股价处在高位阶段。

(3) 对区域性成交放量状况的确认，主要是对其换手率放大状态的确认。

信号105　上涨出货的卖出信号

在人气最旺的时候，庄家预先在上档埋好单，然后借助大势向好，人气旺盛，一路带着散户向上吃进。市场追涨热情不足时，庄家就亲自出马，大笔吃掉几个卖单，向上打通一段上涨空间。等散户的热情被激发出来，庄家就停手，让散户去吃进。这样始终维持股价上涨，但实际上庄家买入的少，卖出的多，庄家正在悄悄出货。

投资者可根据量价作出判断，选择第三次拉升时的高点卖出（如图 7-15）。

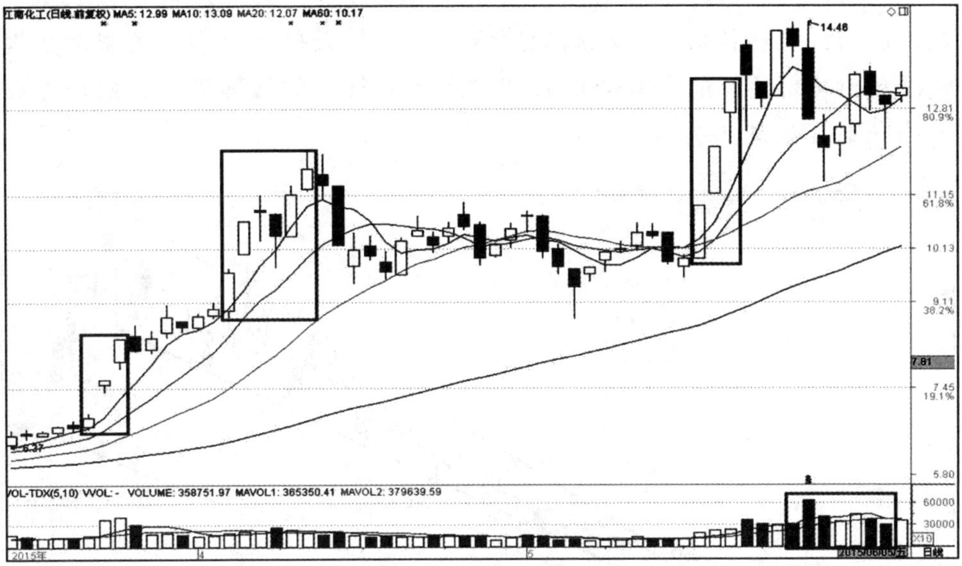

图 7-15 几次拉高后放量出货

卖赚宝典

拉高出货是庄家最常用的手法。庄家会通过一些财务手段，把上市公司的业绩做得特别好。如果在该股刚刚送股除权后公布利好，这样可以利用先涨后跌达到出货的目的。庄家盘中采用什么方法出货，要观察市场人气状况，根据人气强弱不同和自己出货的决心，采取不同的出货手法。把握庄家高位出货节奏，分清良性震荡和恶性跳水的区别，才能尽量回避风险。

信号106 规律性出货的卖出信号

有的庄家采用规律性出货手法，每天故意低开，全天多数时间让股价低位运行，然后尾市拉高。连续数天这样控盘，会给投资者造成短线操作适当，能够获得丰厚利润的感觉。一旦某天接盘众多，庄家就会果断砸盘出货。还有的庄家会在K线图上搞有规律的箱体震荡，操作方法异曲同工（如图7-16）。

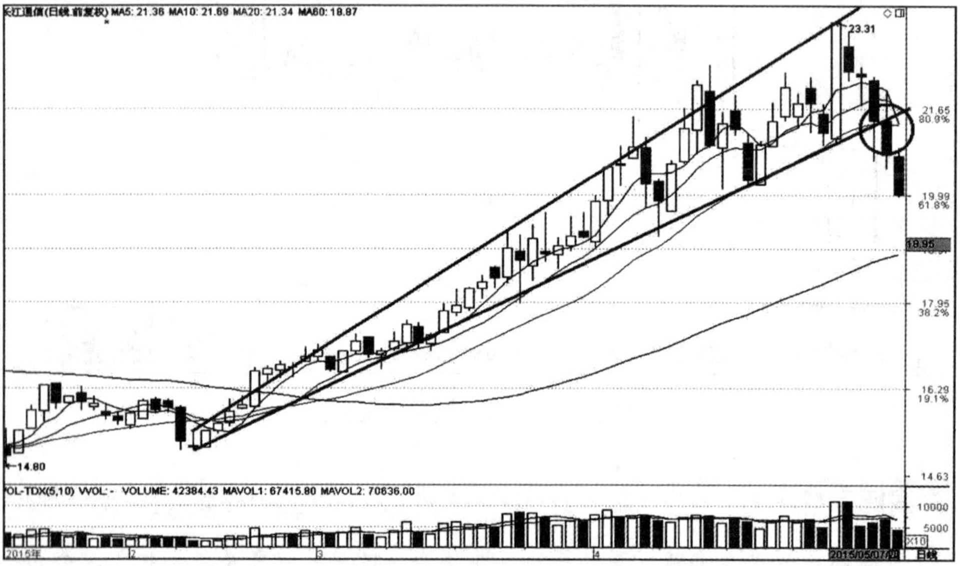

图7-16 规律性拉升出货

卖赚宝典

庄家还可以在盘面上进行明显的不同账号对调，造成大手笔成交不断的假象，或者干脆利用一个周五的时间，进行一笔或者几笔特别大的成交（超过百万股），尾市上涨，同时配合著名咨询机构在电视媒体的评点，借机拉升出货。细心的投资者发现这种规律后，难免重仓买入，从而被套。所以发现规律性的盘面技术信息或消息要小心，因为这多半是庄家的出货信号，宜卖出。

信号107 边拉升边出货的卖出信号

强庄一般采用这种出货方法。这种出货方法，股票本身后续大多都有较好的题材配合。如某时装股份年底除权前股价已经大幅上扬，除权后经过一段时间的凶悍震仓后，再次快速拉抬股价，股价升至 13 元附近时，庄家获利颇丰。由于该股后续仍有较好的题材支撑，因此庄家选择了一边出货一边拉升股价的方法，即大笔资金出货，小笔资金拉抬（如图 7–17）。

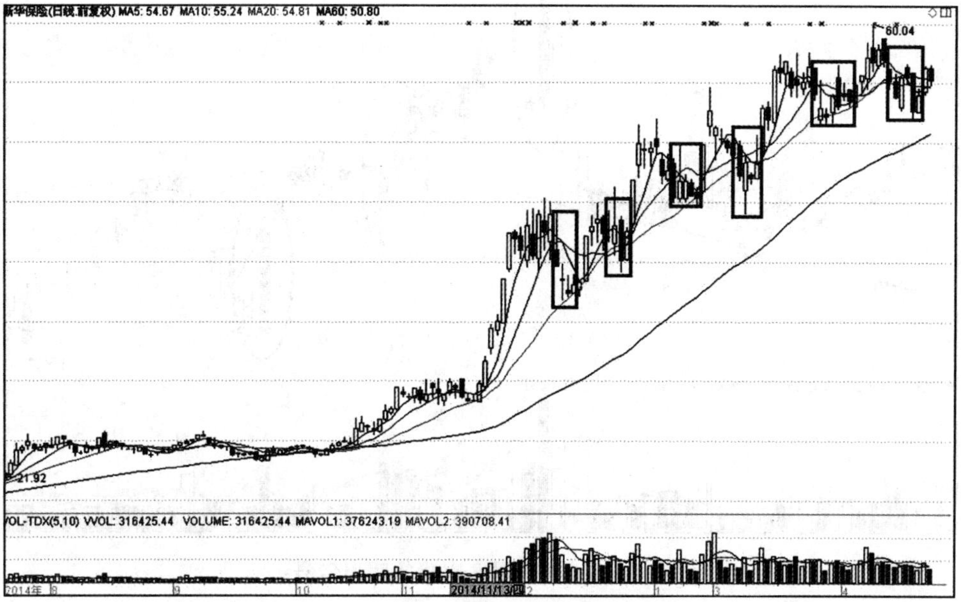

图 7–17 边拉升边出货的卖出信号

卖赚宝典

边拉升边出货，这样既可以实现部分利润，又可为以后继续在更高的位置出货创造条件。果然时装股份后来不断上扬。该股堪称坐庄成功的典范。

信号108 长阴贯底出货的卖出信号

长阴贯底出货是指庄家快速持续地将大笔筹码抛出，抛出的过程中，股价下跌的速度也较快。前期股价已有较大升幅的股票，庄家常用这种出货方式。因为庄家获利颇丰，以这种方式出货，可以迅速落袋为安，并减少随后可能发生的风险。这种出货方式的缺点是股价跌幅过大，庄家获利程度相对减少（如图 7-18）。

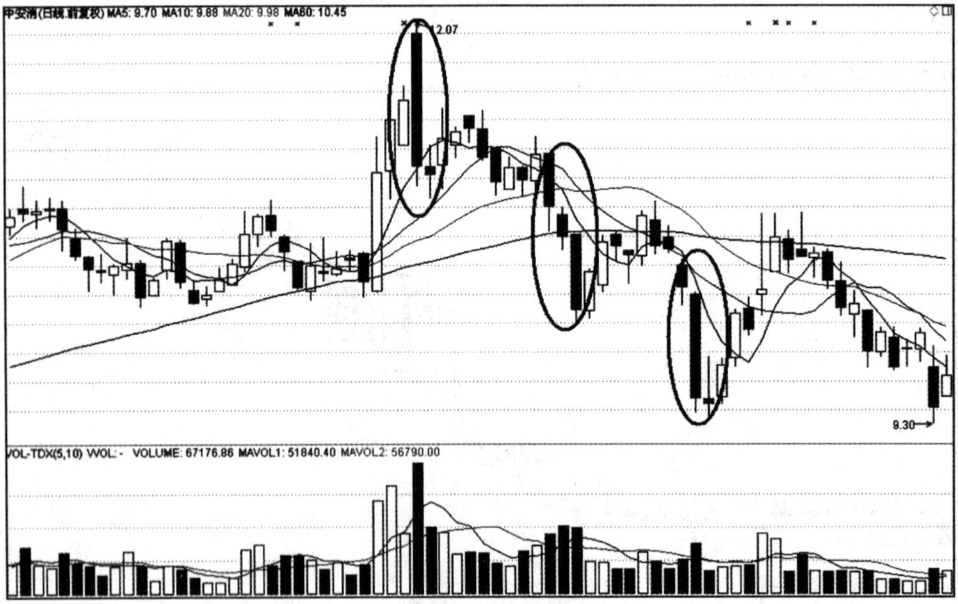

图 7-18 长阴贯底出货的卖出信号

卖赚宝典

这种出货方式，在日K线上往往形成一根光头光脚的大阴线。由于市场大众还在惯性追涨，买盘很多，庄家一律通给，这一天的成交量往往很大。有时连拉数根阴线，属于典型的放量下跌。由于散户通过技术分析决定操作策略，反应上要慢一步，大部分散户来不及跟随庄家杀出，所以这一天庄家的出货效率极高。

这种庄家出货手法一般运用于大盘疲软，市场对后市预测趋淡的情况。庄家急于了结心态较盛。其盘面特征是：庄家往往集中出货，盘中放出巨量。投资者如果在高位持有该股，不要犹豫，应马上抛出。

信号109　高位反抽出货的卖出信号

开市后快速把股价拉起来，这时由于盘中埋单少，阻力小，花费的拉升成本低。之后一个上午股价都维持在高位，中间可以制造几次向上突破的假象，做出蓄势待涨的姿态。这样在拉高和高位盘整阶段，都会有追涨盘买入。

到下午的后半盘，庄家开始打埋下的单子，一路向下通吃，把盘中一天埋下的买单全部都给打掉，这样来不及撤单的散户就都被派发了(如图7-19)。

卖赚宝典

这种出货方式是庄家出货手法的一个极端，也是一种技巧性不太强、基本思路简单明了的方法。快是这种出货方式最显著的特点，庄家以迅雷不及掩耳的手段，让市场大众反应不过来，在人们还在犹豫不决时，快速完成出货，打市场一个措手不及。

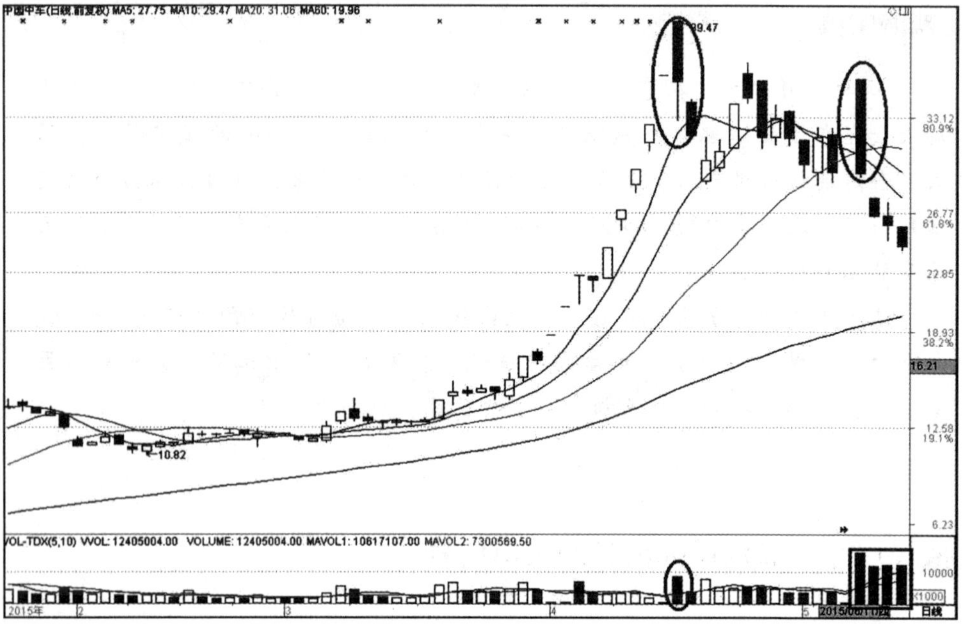

图 7-19　高位反抽出货的卖出信号

信号110　横盘震荡出货的卖出信号

这种出货手法是一种很自然、使用得最多的出货手法。庄家持仓比较高，不可能在短时间内凌厉杀出时，可以采用这种方法。

庄家采用这种出货方式，需要有大盘人气的配合。庄家拉抬到一定位置，看到市场人气旺盛，就借机开始出货。股价下跌到某一支撑位时，庄家再出来护盘，因为往下跌破支撑位，人气就会受到较大影响。

为了保住出货价格，也为了保住已经出现颓势的人气，庄家必须制造快速有力的拉抬，才能恢复散户的信心。同时，快速有力的拉抬还可以节省成本（如图 7-20）。

这种出货方式因其震荡周期不同，在日 K 线上也会形成不同的 K 线形态。一般有这样几种不同的情况。

图 7-20　横盘震荡出货

（1）震荡周期达到几天或十几天，就会在日 K 线上形成经典的顶部形态，如头肩顶或 M 头等。

（2）震荡周期在三天以内，则会形成高位快速震荡行情。高位快速震荡反映出市场心态躁动，行情在顶部维持的时间更短。

（3）股价以十几天的周期震荡两次，第二次是一个大的护盘动作，把股价打到前期高点，在形态上形成 M 头。如果人气较旺，在顶部维持时间长，可以出现三次震荡，分别把股价打到前期高点，这样就会形成头肩顶或三重顶。

卖赚宝典

这种出货形式，庄家往往把高位的震荡出货形态做得像整理形态，让人以为还要继续向上拉抬。持股者不急于出货，耐心等待；自以为看明白的人继续建仓，等待突破。

事实上，这种形态是庄家凭借盘中的控盘技巧精心做出来的，每一天庄家其实都是出多进少，但利用市场人气和自己的控盘技巧，维持股价不下跌，并且控制着盘面走出整理形态。这种假整理形态与真的整理形态很难区别。

这种出货手法技巧性比较强，是一种较温和的出货手法。由于在顶部停留的时间相对较长，技术分析高手有机会从容判断并在高位离场。

信号111 无量阴跌出货的卖出信号

在正常情况下，许多庄家是以较温和的成交量慢慢阴跌出货的。这种出货手法较隐蔽，不易引发跟风者跟着出货的现象，对股票后市走势也留有余地（如图7-21）。

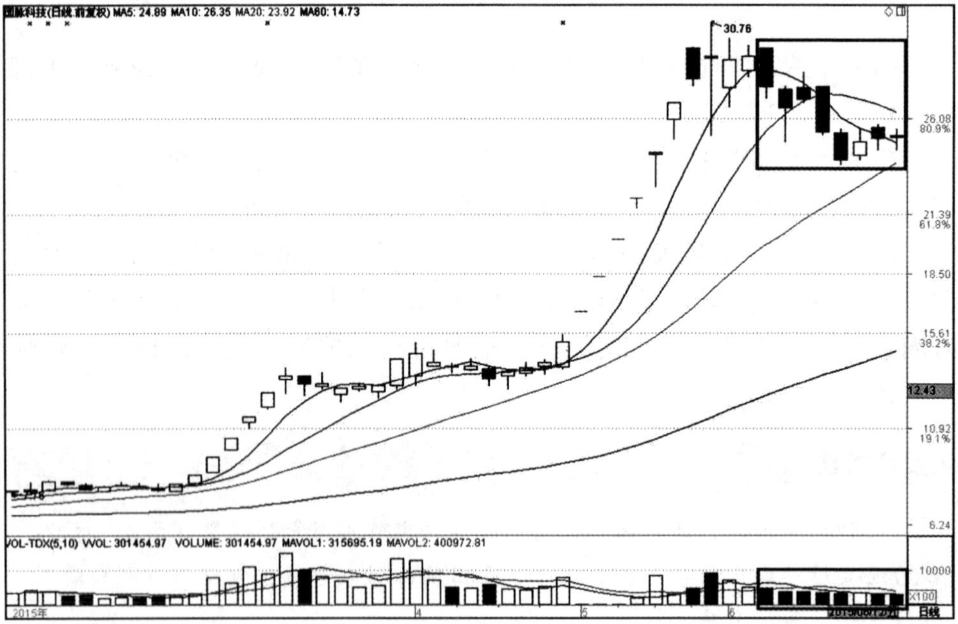

图7-21 无量阴跌出货

卖赚宝典

这种出货方式与震荡调整蓄势行情表现相似，很难区别，稍有不慎就会出现失误。区分这两种出货方式，最关键的一点在于，如果股价前期有过较大拉抬，且下跌时无明显阻力时，一般可认定为出货。反之，则可判断为震荡。

信号112　庄家拉长上影线的卖出信号

庄家出逃时，在K线图上总会留下一些痕迹。如某只个股已经有较大的涨幅，此时出现一根带长上影的K线并伴有较大成交量，往往是庄家逃跑的征兆，表明股价短期已见顶，后市极有可能反复下挫。

阳线或阴线带长上影线，同时伴随着较大的成交量，股价拉高后迅即反转向下。这种形态通常在升势末期出现。

股价加速上扬后出现跳空缺口，留下长上影线，原因有二。

其一是庄家诱多。早市大幅拉升，吸引跟风盘涌入。等散户上钩之后，再反手做空，股价先升后跌。

其二，股价连续上升后，持股者获利丰厚。此时多方对后市走势出现分歧，多头阵营出现分化，短线抛售套现，导致股价冲高回落，留下长上影线。这种走势预示股价短线见顶。

总之，散户对带长上影的K线应保持高度警惕。特别是大批股票同时出现该形态时，大盘见顶的可能性极大，短线应迅速出局（如图7-22）。

卖赚宝典

影线分上影线和下影线两种。长上影阴线可以解释为：买方力量一度非常强大，将股价大幅拉升，但是在随后多空力量的争斗中，空方占了上风，将多方苦心经营的成果夺回，并使收盘价收在前收盘之下。

图 7-22　庄家拉出长上影线的卖出信号

长上影阴线出现于中高价区，股价经过连续上扬之后，日 K 线出现长上影阴线，伴随巨大的成交量，意味着高位抛压沉重，往往是庄家机构在高位减磅派发所致。长上影线只是庄家制造的一个假象，也就是我们通常说的多头陷阱，诱使跟风追涨的买盘，实际是为了掩护出货。

长上影阴线是股价将进入调整的信号，散户应考虑及时出货。

第八章

股市行情分析识别卖出信号

信号113 牛市行情确认卖出信号

一般说来，在牛市行情面前，那些充满乐观的投资者总会这样认为：牛市是正在开采的金矿，那里遍地是牛股，遍地是黄金。事实上，并不是所有人都能享受到牛市的盛宴。如果缺乏风险意识、战略的眼光和科学的策略，就会在牛市的震荡中陷入被动，从而无缘波澜壮阔的上涨行情。不幸的是，市场中的大多数人都是这种类型。

1. 牛市的形成原因

在股票市场中，倘若买入者多于卖出者，则股市行情看涨，也称为牛市。形成牛市的因素很多，但不外乎以下几个方面。

（1）经济因素：主要有企业盈利增多，经济处于繁荣时期，利率下降，新兴产业发展，通货膨胀温和，这些因素都有可能推动股市价格上涨。

（2）政治因素：通常有政府政策、法令颁行，或发生了突发的政治事件，引起股票价格上涨。

（3）股票市场本身的因素：如发生抢购风潮，投机者的卖空交易，大户大量购进股票，都可引发牛市。

2. 牛市的各个时期

牛市并不是一下子就形成的，形成牛市一般要经过三个阶段（如图8-1）。

（1）牛市第一期。在这一时期，牛市往往会出现如下几个方面的特征。

①牛市往往是在市场最悲观的情况下出现的。

②这时候大部分投资者对市场心灰意冷，即使市场出现好消息也无动于衷，很多人开始不计成本地抛出所有的股票。

③市场成交逐渐出现微量回升，经过一段时间后，许多股票已从盲

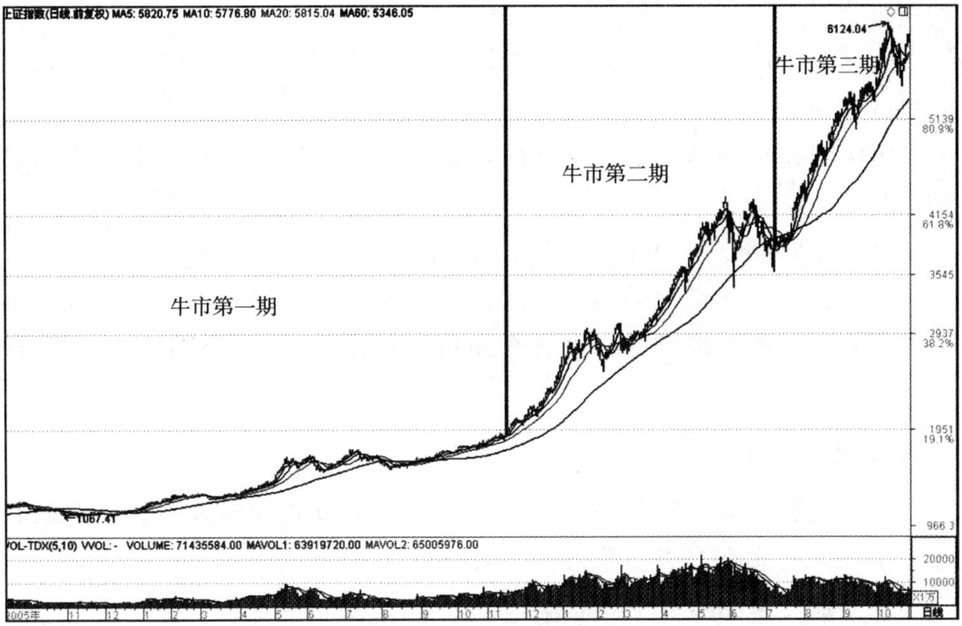

图 8-1 牛市的三个时期

目抛售者手中流到理性投资者手中。

④市场在回升过程中偶有回落，但每一次回落的低点都比上一次高，于是吸引新的投资者入市，整个市场交投开始活跃。

⑤接下来是上市公司的经营状况和公司业绩开始好转，盈利增加，引起投资者的注意，进一步刺激人们入市的兴趣。

（2）牛市第二期。牛市进入第二个时期，会出现以下几个方面的特征。

①这时市况虽然明显好转，但熊市的惨跌使投资者心有余悸。

②市场出现一种非升非跌的僵持局面，但总的来说大市基调良好，股价力图上升。

③这段时间可维持数月甚至超过一年，主要视上次熊市造成的心理打击的严重程度而定。

（3）牛市第三期。当牛市进入第三期的时候，会出现以下几个方面的特征。

①经过一段时间的徘徊后，股市成交量不断增加，越来越多的投资者进入市场。

②大市每次回落，不但不会使投资人退出市场，反而吸引更多的投资者加入。

③这个时期公司利好新闻也不断传出。

上市公司也趁机大举集资买入，或送红股或将股票拆细，以吸引中小投资者。炒股热浪席卷社会各个角落，各行各业、男女老幼均加入炒股大军。

3. 牛市操作策略

牛市也有风险。投资者只有掌握了针对牛市的操作策略，才能摆脱牛市的风险，卖在高点，获得不菲的收益。

主要操作策略有如下几点。

（1）牛市行情一旦爆发，大资金蜂拥而入时，必须敢于重仓跟进，仍采用1/3仓位或半仓操作者，斩获肯定有限。

（2）一旦重仓介入，就要坚定持股，不要稍有震荡或稍有获利即抛股走人，摆脱不了熊市中的“五分钱万岁”思维。

（3）牛市操作必须敢追领涨股，不怕连涨3个涨停板，只怕不敢在“涨停板”上排队。

（4）牛市中强者恒强，不能孤立等待回挡再介入，而是顺应时势，该追的坚决追，该观望时则观望。

（5）牛市操作，技术指标大多处于“失灵”状态。股价涨了还涨，连涨10个涨停板的情况并不少见。

（6）牛市操作，散户要以“我是主力”的角色换位，来揣摩预测大资金的动向。不能仍站在散户的立场上，为打一点差价忙碌不停。

（7）牛市中个股都有机会，不可见异思迁，频追热点，结果顾此失彼，赚了指数不赚钱。

（8）牛市操作，人气是股价的翅膀，人气越旺，股价越高。分析太理性，常用市盈率做选股标准，往往抓不到“大黑马”。

（9）牛市热点多，转换快，一天几十个涨停板是正常现象，领涨股不翻番，坚决不松手。

（10）牛市升幅大而快，一天等于两个月，不轻言见顶，不轻言调整。

4. 牛市买卖信号举例

一般来讲，移动平均线是为跟随趋势设计的，虽然它不能超越市场先知先觉，也不能让交易者在最低价位买入，在最高的价位卖出，但是它能准确地抓住一波行情 70%左右的波幅，而且能够在股指或价格转势时发出明确的止盈或止损信号。

这里有必要说明其规则：当 10 日均线上穿 20 日均线时，股价收盘价收在这两条均线之上为有效金叉，此时建议及时买入。

同理，当 10 日均线下穿 20 日均线时，股价收盘价收在两条均线之下为有效死叉，此时可及时卖出以规避风险（如图 8-2）。

图 8-2　牛市的卖出信号

卖赚宝典

牛市中切记要选择一个有效的技术指标，始终坚持使用。股市当中，在使用技术分析方法验证趋势的走势时，很多投资者往往几个技术指标同时使用，这是不可取的。在股票市场进行技术分析时，正确的分析方法是：选择一个有效的技术指标并始终坚持。

信号114 熊市行情确认卖出信号

1. 熊市的三个时期

同牛市一样，熊市也要经过三个阶段，如图 8-3 所示。

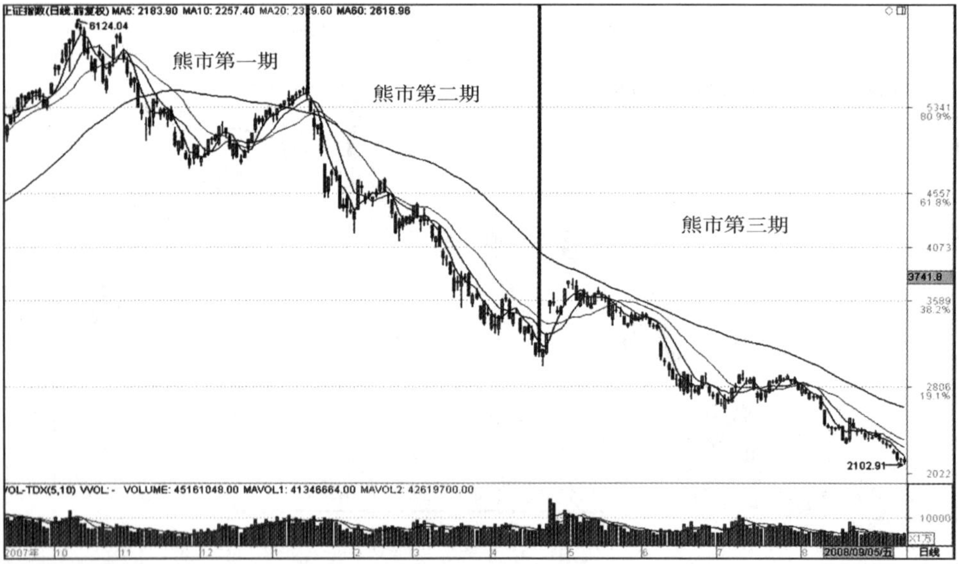

图 8-3 熊市三时期

（1）熊市第一期：也称熊市初段（顶部阶段），就是牛市第三期的末段。该阶段往往出现在市场投资气氛最高涨的情况下，这时的主要表现是市场绝对乐观，投资者对后市变化完全没有戒心。其实，市场上真真假假的各种利好消息到处都是，究竟什么是好，哪个是坏，不容易搞清楚。

此时公司的业绩和盈利也达到不正常的高峰，不少企业在这段时期加速扩张，收购合并的消息频传。但是需要注意的是，往往正当绝大多数投资者疯狂沉迷于股市升势时，少数明智的投资者和个别投资大户已开始将资金逐步撤离或处于观望，因此市场交投虽然十分炽热，但已有逐渐降温的迹象。这时如果股价再进一步攀升，成交量却不能同步跟上的话，大跌就可能出现。

（2）熊市第二期（恐慌阶段）：这一阶段的主要特征是，股票市场一有风吹草动，就会引发“恐慌性抛售”。

分析原因，有以下两个方面。

一方面，市场上热点太多，想要买进的人反因难以选择而退缩不前，处于观望状态。

另一方面，更多的人开始急于抛出，从而加剧股价急速下跌。

在允许进行信用交易的市场上，值得注意的是，从事买空交易的投机者遭受的打击更大，他们往往因偿还融入资金的压力而被迫抛售，于是股价越跌越急，一发不可收拾。

需要说明的是，经过一轮疯狂抛售和股价急跌后，投资者会觉得跌势有点儿过分，因为上市公司以及经济环境尚未达到如此悲观的地步，于是市场会出现一次较大的回升和反弹。经过一段时间的中期反弹后，经济形势和上市公司前景趋于恶化，公司业绩下降，财务困难。

其实，造成如此局势的根本原因，是难于辨别各种真假利空消息，从而使投资者的信心遭到沉重的打击。因此，这时整个股票市场弥漫着悲观气氛，股价反弹之后出现较大幅度的下挫。

（3）熊市第三期（底部阶段）：熊市第三期，主要的表现形式是股价持续下跌，但跌势没有加剧。那些质地较差的股票，已经在第一期和第二期跌得差不多了，再跌的可能性已经不大。

由于市场信心崩溃，这时下跌的股票往往集中到业绩一向良好的蓝

图 8-4 熊市的卖出信号——金叉卖出

筹股和优质股上。这一阶段正好与牛市第一阶段的初段吻合，有远见、理智的投资者认为这是最佳的吸纳机会，于是纷纷购入低价优质股，待大市回升后可获得丰厚的回报。

2. 熊市操作策略

在熊市中，投资者一定要掌握如表 9-1 所示的熊市操作策略，这样才能减少在熊市中操作的风险。

表 9-1 熊市操作策略

名称	策略
利空	熊市中，遭遇利空的个股，应该第一时间逢高出局，以免深度套牢
中长线利空	出现中长线利空的行业，应逢高只出不进

续表

名称	策略
阳线	熊市的脾气就是“不断创新低”，因此熊市中的阳线是假的，应该逢阳线卖。阴线是真的，应该逢阴线回避
弱势股	熊市中，弱势股轻易不可碰，因其基本面有“地雷”，所以股价才会阴跌
反弹	卖出的时机问题上，股指反弹一天半到两天就卖
急跌股	盘中只要继续出现急跌股、跌停板，不管技术指标是否超卖，仍不应看好后市
短线指标金叉	熊市中，短线指标金叉是卖出的较好时机，因为熊市中的金叉是假的
利好	熊市中出现利好，也是逢高卖出的较好时机
阻力位放量	熊市中阻力位上放量的时候，是较好的逢高卖出时机。原因在于：熊市中市场资金本来就少，稍微一放量，市场的存量资金就用完了
地量	熊市中地量不是底，而是下跌中继
十字星	熊市下跌途中只要出现十字星，往往就是反弹终结的信号
超跌反弹	熊市下跌途中，领先上涨的股票往往没有板块效应，属于超跌反弹
20日、30日均线	熊市中，20日、30日均线是中线下跌的压力线，个股反弹到该位置，往往是逢高派发的时机
庄家	熊市中，不要以为某只股票有庄家就好，庄家机构同样可能被套

3. 熊市短线买卖股票纪律

熊市进行股票操作，要遵守一定的股票买卖纪律。

有这样两句话：强做多，弱做空，多持币，常轻仓（空仓），常捂资金短捂股；大盘强势60%~80%仓位，大盘弱势20%~40%仓位，千万别满仓（85%）。具体如表9-2所示。

表 9-2 熊市短线买卖股票纪律

名称	纪律
减仓、空仓	大盘跌破 25 日均线和 13 日均线，则轻仓或空仓休息，大盘不站稳 13 日均线不加仓
补仓	任何股票买入后，不赚钱一律不得补仓。弱市中涨 5%就卖，跌破 13 日均线也卖。无论哪只股票，只要亏损达到 10%立即割肉，永远不要再看它
均线	各条均线呈多头排列，个股股价在 7 日均线、13 日均线、25 日均线上面运行
不买入	买股要选收盘股价站在 25 日均线上的股票，跌破 25 日均线的个股千万别买
买入时机	买进股票的时机，最好选择下午 2∶30 以后，第二天开盘有 5%~10%的盈利立即卖出
减仓	知足常乐，千万不能贪，贪则贫。个股有赚坚决减仓
13 日线	个股股价收盘连续 2 天跌破 13 日均线，一定要止损全卖，卖错也要卖
止盈	买了个股后，股价超过 7 日均线的 1．1 倍，一定要止盈
强势股	必须选择近 5 天内最少有 3 天主力大单动向收红的强势股
买入	强势个股成交量缩量收阴线，股价在盘中有触击 7 日均线或 13 日均线后收成下影线，在 7 日均线或 13 日均线附近大胆买入，买错也要买

卖赚宝典

在股市由牛市转为熊市的情况下，要以现金为王。一般说来，牛转熊的调整时间通常会相当长，而且下跌的速度也会相当快。因此在熊市时，投资者首先应转变牛市中持续看多的思想观念，坚定地持续看空，以便把资金安全带到熊市末期或牛市初期。

信号115　猴市行情确认卖出信号

上涨叫牛市，下跌叫熊市。善于创造名词的人们，把这二者之间的运行状态称为猴市。也就是说，从大盘来看，猴市没有一个明确的上涨或下跌方向，市场分化比较严重，展开的波段也较多，市场反复大幅震荡。

猴子总是蹦蹦跳跳的，所以用它来比喻股市的大幅振荡。这里所说的猴市，就是形容股市大幅振荡的情况，是股票市场的一种形态（如图8-5）。

图8-5　猴市行情——指数上下震荡

在猴市行情中，投资者要坚守这样的操盘思路：徒弟怕熊市，师父怕猴市，多看少动为上策。长期均线如果仍在下方顶着，线型较好的个股，当大盘出现巨量长阳，多头有望胜出。如指数已位于长期均线下方，均线下弯，空头胜出，最好远离股市。如果以交易为生，此时只能进行短线操作。

具体而言，猴市中要掌握如下几个操盘技巧。

（1）切忌追涨与杀跌。猴市中炒股，一定要掌握猴市的市场特征，猴市中大盘如同一只猴子，爬树爬得太高，自然会下来饮水；在树下待得过久，自然又会爬回树上。所以在猴市中过度追涨和恐慌杀跌，都是不合时宜的。投资者追高之后，很难再有获利空间；杀跌之后，往往也没有逢低补回的价差。

（2）跟随趋势，顺势而为。猴市中投资者必须顺势而为，顺势而为包括两个方面。

其一是要顺应市场整体趋势，待股指回调企稳后，坚决入市做多。股指上行受阻时，坚决获利了结。

其二是顺应个股的趋势，准确把握猴市的热点切换，切不可在市场已经形成主流热点的情况下逆势运作。

（3）心态要稳定。猴市中，往往行情稍有好转，投资者就欣喜若狂。行情一旦低迷，投资者又陷入悲观甚至绝望的心情中，导致投资行为缺乏完整的规划，投资水平起伏不定。在猴市中，投资者一定要认清“涨有度，跌有限”的市场本质。保持平和的心态，才更有利于对猴市波段机会的把握。

（4）从选股方面来看，一定要精选个股。猴市中，指数缺乏连续性的大幅度上涨，但是个股之中却不乏获利的机会。猴市中具有丰厚获利潜能的个股，往往集中于少数几个热点板块中，并表现出强者恒强的特点。投资者要加强少数强势品种基本面的研究和股价运行规律的分析，赚取其在猴市中的价差。

（5）转变理念，正确认识猴市。在评价股市时，投资者通常喜欢用牛市或熊市来形容市场走势。其实股市并非只有牛熊之分，猴市行情在股市中并不鲜见。投资者有必要突破“牛”“熊”的框框，开拓新的视野。

（6）猴市行情中要跌时看涨，涨时看跌。在投资者和市场人士对行情的研判分析中，更多地体现出惯性思维，股指稍一大涨就以为是突破性行情，股指刚一暴跌，就以为是踏上了漫漫熊途。猴市中的投资者要正确运用跌市看涨、涨市看跌的反向思维。

（7）猴市行情中跌时要买、涨时要卖。许多投资者往往在跌市中一味看空，匆匆忙忙地斩仓割肉，或袖手旁观，不敢逢低买入。等到大盘强势上涨时，往往又一味看多，不惜高价追涨，结果很容易导致踏空和套牢。参与猴市行情，最稳健的投资方法就是跌时要买，涨时要卖，不要过多地受指数变动的影响。

（8）猴市行情中要跌有钱买，涨有股卖。猴市中，大盘常常是猴性十足地上蹿下跳，市场投资环境瞬息万变，各种不确定因素相互交织，错综复杂。投资者无论多么看好后市行情，或看好个股潜力，也不能一次性地全仓买卖。

卖赚宝典

在猴市中，总是憧憬着大牛市的投资者，往往屡次被套在阶段顶部；而念念不忘熊市的投资者，也常常错失一次次波段行情的机会。

猴市的形成原因比较复杂，就个股而言，当庄家洗盘时，会形成震仓猴市；庄家高位清仓时，会形成出货猴市。就大盘股指而言，当各种对证券市场有重大影响的消息或政策密集出台时，会导致股指猴性大发；当指数经历长时间、大幅度的上涨或下跌后，也容易形成猴市。

信号116　趋势市确认卖出信号

在实战中，“追随趋势”是一种最常见的做法。在追随趋势的过程中，会有什么样的风险呢？下面从以下几个方面详尽阐述。

1. 趋势市的形成

趋势的形成机理是极为复杂的。我们可以用这样一个比喻来解释趋势的形成过程：把一盆水泼到平地上，前面的水自发地沿着地面的几个凹面向前流淌，后面的水就顺着前面的水，从同样的凹面流走，一种趋势就自发形成了。但是有一点，水会在哪个凹面形成趋势，泼水之前是无法预知的。

其实，趋势的形成往往都需要有一个第一推动力。这个推动力可以有很多种。

（1）过度下跌导致投资者有上涨预期。

（2）国家出台政策刺激上涨。

（3）宏观经济转好。

（4）一些突发事件。

以上条件都可能导致一波趋势的形成。

有些时候可能是一个消息，有时候是这些信息集中在一起，形成第一推动力，造成股市暂时逆转下跌趋势，出现上涨苗头。但是苗头出现后，却未必真能造成一波上涨趋势，有可能仅仅是一波反弹，反弹后继续下跌。

投资者如果仅仅看到苗头，就认为股市将开始一波上涨，就遵循"追随趋势"的理念立即买进，持股的人停止抛售，那么就是大错特错了。因为这是第一次上涨，由于下跌的影响还依然存在，所以上涨了一段时间之后，就会有很多人开始认为涨多就要下跌，认为这次上涨只不过是熊市中的反弹。

在这种心理的影响下，下跌预期成为市场的主流，于是股市就真的下跌了。这样一来，这波上涨趋势将面临重大的考验。在这种情况下，如果股市跌到前期低点以上就停止了，那么就出现了上涨的苗头。这时候投资者不惜重金，纷纷开始介入。之所以会这样，是因为投资者基于同样的心理。

因为这是第二次上涨，很多人又开始认为这次上涨是真的牛市来了，此时不介入更待何时？这种股价将会上涨的心理预期，再一次成为市场的主流，推动股价又一次开始上涨。

当然，任何事情都不是绝对的，即便是在这种情况下，也会有少部分人认为股市仍然是熊市，但是他们人数少，无法扭转趋势，只能在上涨中眼睁睁地看别人赚钱，心理承受巨大的打击。

随着上涨行情的持续，他们内心的压力也在不断地增加，最后被迫改变预期，加入到做多行列里。于是股市展开了一轮迅猛的上涨。新一轮的迅猛上涨，会进一步加剧投资者买进股票，推动新一轮的牛市到来。

此时的上涨迅猛，使大部分人又认为自己是股神，自信心大增。大增的自信心推动他们更疯狂地买进，疯狂买进推动股市更快上涨，更快上涨更加重他们的自信。如此不断循环，人的意识和市场形成了双向的促进过程，于是推动一轮大牛市展开了。

这样一来将形成这样一个局面：只要买入股票就能赚钱。赚钱效应使很多从来没炒过股的人也加入进来，几乎全社会的钱都涌到了股市里。股市上涨像发了疯一样，直到涨到所有想买股票的人都买进了，牛市才能结束。这是对牛市中趋势市的一种简单描述，至于熊市，反过来想就可以了。

由此可见，一个趋势的形成是无数相关因素共同作用的结果。其中，在趋势刚开始的阶段，上涨完全有可能被一些信息扭转，继续下跌。但是一旦进入疯狂阶段，几乎没有任何力量能阻止股市的上涨趋势，包括政府，最终只能眼睁睁地看着股市崩盘。

2. 趋势市的买卖节点

根据趋势发展过程的不同阶段，可以将趋势划分为初生趋势、持续趋势、终了趋势。根据三种趋势的不同，投资者应该采取不同的操作手法。

（1）对于初生趋势，意在把握，并分析趋势是否可以持续。

（2）对于持续趋势，要关注自己持仓的耐心。

（3）对于终了趋势，要在前两步的基础上，对市场的基本面、技术面、资金面有比较透彻的了解，并注意在市场恐慌时了结头寸，平仓退场。

3. 趋势市的三种趋势

一般说来，股市中的趋势有基本趋势、次等趋势、小趋势之分。其实，“市场”一词意味着股票价格在总体上以趋势演进，最重要的是主要趋势，即基本趋势。基本趋势在演进过程中穿插着与其方向相反的次等趋势——当基本趋势暂时推进过头时，发生的回撤或调整就是次等趋势。次等趋势与被间断的基本趋势可以一同划为中等趋势。次等趋势由小趋势或者日间波动组成，这也是不容忽视的（如图 8-6）。

图 8-6　三种趋势

（1）基本趋势。基本趋势是大规模的中级以上的上下运动，通常持续几年或更长的时间，并导致股价增值或贬值 20%以上。股市中，通过趋势技术分析不难得出：只要每一个后续价位弹升比前一个弹升达到更高的水平，每一个次等回撤的低点（即价格从上至下的趋势反转）均比上一个回撤高，这一基本趋势就是上升趋势，这种趋势就称为牛市。

反之，倘若每一中等下跌，都将价格压到相对较低的水平，这一基本趋势就是下降趋势，也就是所称的熊市。一般情况下，通常认为基本趋势是三种趋势中长线投资者关注的唯一趋势。

（2）次等趋势。次等趋势是价格在沿着基本趋势方面演进中产生的重要回撤。这里需要注意的是，它们可以是在一个牛市中发生的中等规模的下跌或“回调”，也可以是在一个熊市中发生的中等规模的上涨或“反弹”。

一般说来，任何与基本趋势方向相反，持续至少三个星期，并且回撤幅度达到1/3的价格运动，即可认为是中等规模的次等趋势。

（3）小趋势。

股市中通常讲的小趋势都是非常简短的价格波动，一般很少持续三周，大多短于6天。从道氏理论的角度来看，小趋势本身并无多大的意义，但它们合起来构成中等趋势，就非常有意义了。小趋势是三种趋势中唯一可被人为操纵的趋势，所以这里要提醒大家，小趋势虽小，但其意义并不小。

至于三者之间的关系，可以用大海的运动进行类比。

牛市比为一个涌来的浪潮，它将水面一步一步地向海岸推动，直到最后达到一个水位高点并开始反转。接下来的则是落潮或退潮，可以比做熊市。但是无论是涨潮还是退潮的时候，波浪都一直在涌动，不断冲击海岸并撤退。

在涨潮过程中，每一个连续的波浪都较其前浪达到海岸更高的水平，而其回撤时，都不比前次回撤更低。需要注意的是，在落潮过程中，每一个连续的波浪上涨时，均比其前浪达到的水位低一点，在其回撤时，均比其前浪离开海岸更远一点。其实这些波浪就是中等趋势——基本的或次要的趋势，而这些波浪能走多远，则取决于其运动与海潮的方向相同还是相反。

不容忽视的是，海面一直不断地被小波浪、涟漪及海风冲击着，它们有的与波浪趋势相同，有的相反，有的则横向穿行，每日都在进行着小趋势的波动。

卖赚宝典

趋势市是最容易赚钱的投资时段，但令人为难的是，股民很难在趋势市刚刚形成时就判断出它是趋势市，所以该时期的风险就不言而喻了。

值得注意的是，许多投资者往往在趋势中期会改变自己的心态，将每一个趋势中断和成交密集区都当成趋势反转，虽然此时并没有出现反转所必需的特征。伴随着“这是最后一次受恐惧驱使的冲动”，最终他们采取与趋势相反的举动。

可想而知，几个星期过后，当他们再次出来时，损失会很惨重。那时他们就会发现自己才是真正的恐惧者。

信号117 转势市确认卖出信号

无论当前处于怎样的一种市场中，投资者都应该明白，这种市场状态不可能一直延续下去，即便是处于一种大趋势之中。也就是说，转势必然会发生。

市场反转并不总是突然间发生的，但是也并非没有任何预兆。市场即将出现转势，是会出现预兆的。

1. 转势的共同特点

转势有不同的情况。所有的主要趋势反转都是不同的，但是它们又有一些相同的地方。

一般而言，转势都会出现下面几个方面的特征。

（1）市场有明显的运行趋势。这是市场转势的前提。比如说趋势的加速或者放量，趋势突然加速，表明新的买家数量呈指数形式增长，可能与衰竭性缺口有关。

（2）重要趋势的突破。趋势即将反转的第一信号是重要趋势线被突破，但反推并不成立。比如说原有趋势被破坏，上升或下跌的头部和底部形态受到严重破坏，出现头肩形或双头形态。

（3）事先存在上升或下降趋势。反转形态存在的前提，就是事先有明确的上升趋势或下降趋势存在。在市场处于横向延伸趋势时，经常会出现一些与反转形态极其相似的图形，但不具有反转形态的实际意义。

（4）从时间和动量来看。如果趋势趋于静止，很长时间没有变化，长线投资者也会失去耐心，放弃他们的头寸。这表现为价格曲线上不断下降的动量指标。顶部反转形态经历的时间，通常短于底部形态，但价格的波动通常较强。

（5）规模越大反转力度越大。价格波动及时间跨度越大，反向价格运动的幅度越大。

（6）缺乏广度。一些股票不再跟随大盘趋势，因为投资者担心他们能否很快脱手。

（7）交易量验证反转信号。底部反转形态的完成，必须要求交易量相应增加。顶部反转形态因其具有“自由落体的惯性”，并不要求成交必须放量。

（8）形成特殊图形。反转常常产生一些特殊的图形，如双重顶或三重顶、头肩顶或关键反转形态（如图 8-7）。顶部反转形态价格波动幅度大且剧烈，但时间较短，相比底部反转形态较难捕捉。顶部反转后的下跌速度，往往远快于上涨速度。底部反转形态价格波动幅度小，但持续时间相对较长，便于识别，风险较小。

2. 转势形态

绝大部分趋势的变化并非是突如其来的。实际上大多数趋势在来临之前，市场都会给出充分的警示，以反转形态表示出来。

大部分主要趋势反转都需要较长的时间。市场上下不断波动，随着时光的流逝，投资者的信心逐渐消磨殆尽，此时转势就必然发生。市场经过了一番上涨或下跌后，由于动能衰竭，无力再维持原来的趋势，因而出现与原趋势相反的走势形态。

图 8-7 双重顶

只有当价格表现出长时间的非常显著的变化后，大多数市场参与者才会受到影响并采取行动。当探寻主要趋势反转时，一定要关心对整个市场起重要影响的价格变化。另外，主要趋势反转的第一个特征就是派发或吸筹。当然，仅仅靠市场主力的派发或吸筹，很难诱发趋势反转。

（1）头肩形转势形态。这种转势形态是市场上最经典和较常见的价格形态，其他绝大多数价格形态都是头肩形的变体（如图 8-8）。如果三重顶中间的顶明显高于两边的两个顶，就构成头肩顶形态。中间最高的那个顶被称为“头”，两边的两个顶则分别称为“左肩”和“右肩”。

通常头肩顶的两个低点对应较小的成交量，连接基本水平相近的回调低点，就得到该形态的颈线。趋势反转以对颈线有效向下突破为标志，这种突破必须是有效突破（百分比原则和双日突破原则），突破后通常会有向上的回抽，但回抽不是必然发生的。

还有一种左肩和右肩同时为两个或三个的头肩顶，称为“复合头肩顶”。与一般人想象的相反，复合头肩顶形成后，后续价格运动的力度要小于经典头肩顶。

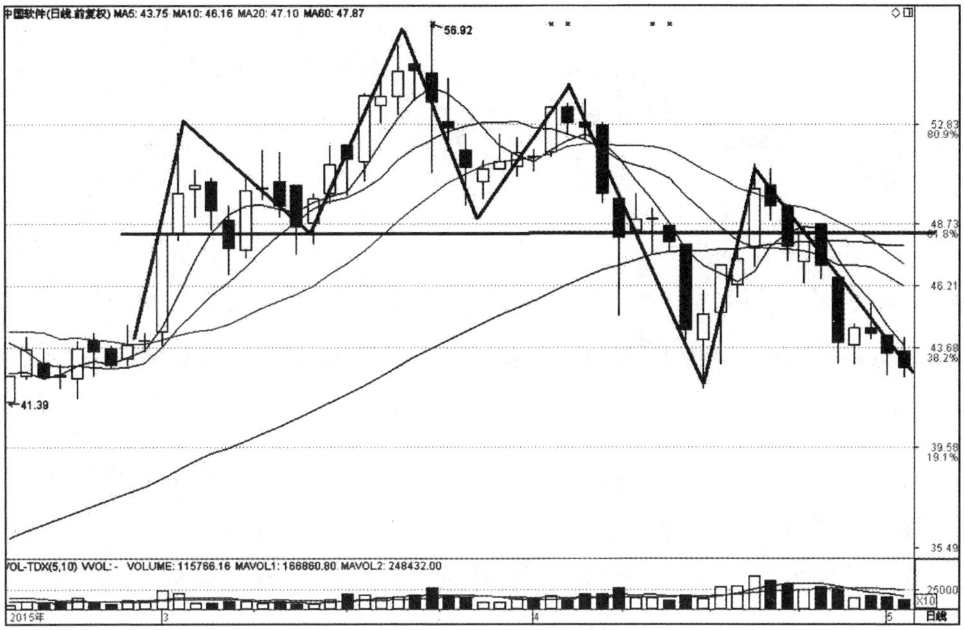

图 8-8 头肩顶

（2）岛形转势形态。股价经过一段时间的持续上升后，某日出现跳空缺口，加速上升，但股价随后在高位徘徊。不久，股价又以向下跳空缺口的形式下跌，而且这个下跌缺口和向上跳空缺口基本处在同一价格区域，使高位争持的区域在 K 线图表上看来就像是一个远离海岸的孤岛形状，左右两边的缺口令岛屿孤立地立于海洋之上，这种转势形态就是所谓的顶部岛形反转形态（如图 8-9）。

岛形形态的最佳买卖点为跌破上升或下降趋势线和第二个缺口发生之时，因为在这之前，无法确定市场发展的方向。

（3）三重底与三重顶转势形态。三重顶转势形态是一种大型的反转形态，其价格空间和构筑时间比一般人想象的更大和更长，通常在日线图上会占据几十个甚至上百个交易日，或在周线图上占据几十或上百个交易周。

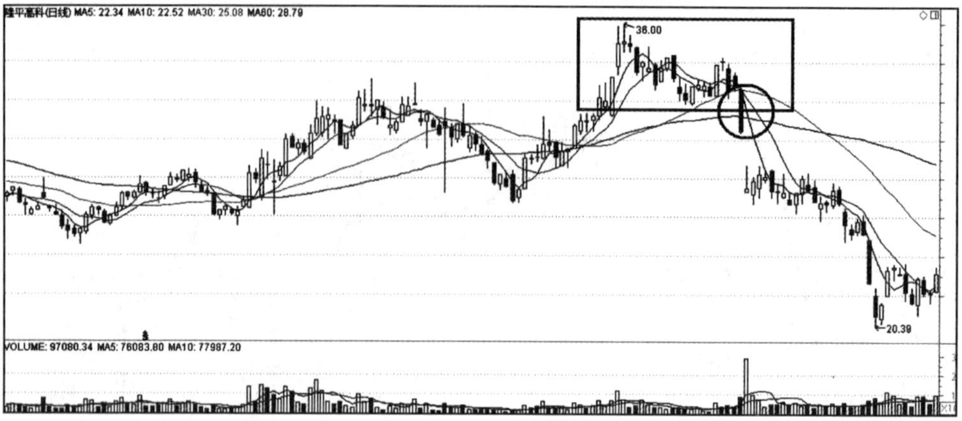

图 8-9 岛型转势

其三个顶部基本处于同一水平线上，两个基本水平的下探低点的连线称为颈线（如图 8-10）。三个顶部的成交量渐次减少。股价向下突破颈线位的时候，成交量不一定会明显增加，但往往会在回抽颈线位之后重新下跌时增加。

三重顶构造完成且颈线位被突破后，最小量度升跌幅为形态本身的最大高度，即过顶部的水平直线至颈线位的垂直距离，但通常都远远超过。三重顶实际上也可以归类为价格范围比较宽的矩形形态。**M** 头持续时间越长，高度越高，潜在的反转潜力越大。通常双峰之间会持续一个月甚至两三个月。**M** 顶向下穿越颈线后，反抽现象并不常见。

（4）**V** 形转势形态。这种转势形态是市场趋势转折的一种极端反应，是趋势在极短时间内发生的一种剧烈逆转。与其他反转形态大相径庭，事先几乎没有先兆，突然出现，较难把握。一般两种情况影响市场会出现 **V** 形反转。

①先前的利好突然转变为利空，一般在股市中，庄家通常用此手法炒作个股。

②持续而强劲的单边市场，通常伴随着数次价格跳空；市场价格远远超出正常预期范围，如果在相对高位（顶部）或低位（底部）爆出巨额成交，那么出现 **V** 形反转的可能性极高。就如同一条弹簧，拉得越

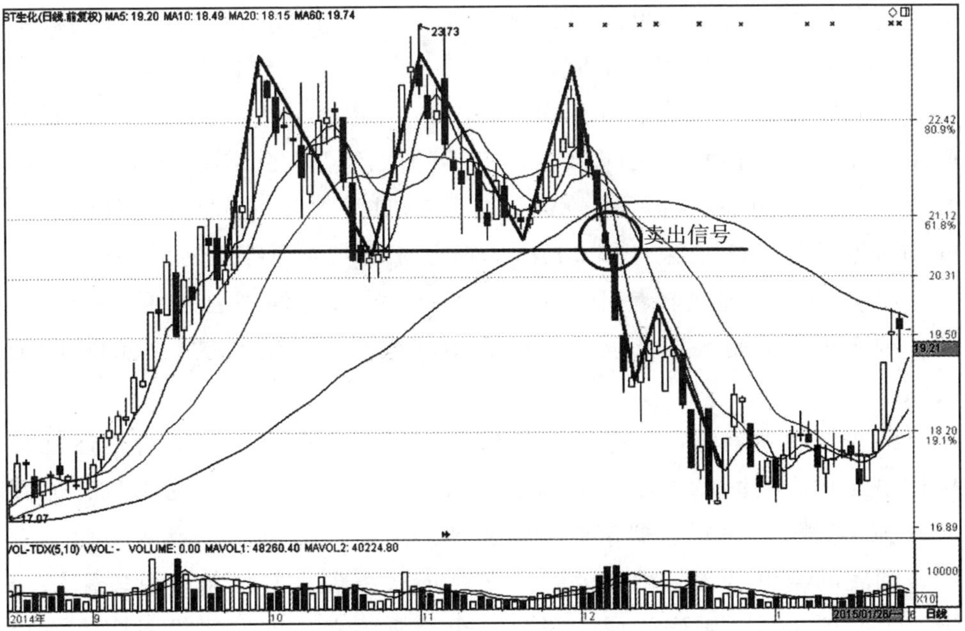

图 8-10　三重顶

长，反弹必然更迅速。

一般来讲，它们出现在疯狂的拉升或陡峭的下跌之后，同时伴随着巨大的成交量。如果缺乏保护性的止损措施并及时行动，对于反方向的持仓造成的伤害将是灾难性的。

（5）双重底与双重顶转势形态。这种转势形态又分别被称为 **W** 底和 **M** 头。该形态顶部的两个峰，底部的两个谷大致相同。顶部形态第二峰比第一峰的成交量较小，底部形态第二谷比第一谷的底部成交量小。它的颈线为水平直线，向上突破颈线时必须有成交量的配合，向下突破则不必。

双顶形态最初被怀疑为可能只是一个上升中继，所谓的双底，也可能后来被证明是一个下降中继。区别在于双底与双顶作为反转形态出现时，无论价格空间还是构筑时间，都比作为中继形态出现时更大更长。如果没有突破颈线，不能下结论，只能根据颈线的突破方向进行交易。

即使趋势线被突破，如果颈线未被突破，价格仍可能在峰谷之间横向运行（如演变成三重顶底或矩形）。

在确定双重底和双重顶转势形态时，一定要注意：如果两个顶在时间上靠得很近，且两者之间仅有一个小的回落，那么是中继形态的可能性要大一些。如果双峰距离较远（如间隔时间大于一个月），且两者之间的价格回落幅度较深（如20%），则更有可能为顶部反转形态。

（6）圆顶或圆底转势形态。这种转势形态的外观曾被形容为一只碗，或者说更像是一口圆底锅。那么相应地，圆顶就像是一只倒扣的碗或锅了。

圆底与圆顶是比较可靠的反转形态，其构造完成之后的价格运动目标位虽无相应的测量手段，但幅度绝对可观。圆顶形态较为少见，但圆底（弧形底、盆底）在股市中经常出现。

圆底的结束经常以跳高上升的平台形式出现，好像给脸盆安了一个把手。一般来说，圆底的成交量分布也呈圆弧状，即左边沿对应大成交量，“碗底”对应极低的成交量，右边沿随着价格的加速飙升，呈现出比左边沿增加更为迅猛的成交量。

圆顶的成交量分布不像圆底那么清晰，总体上大而不规则，“碗顶”的成交量较两边沿略少（如图8-11）。

卖赚宝典

投资者一定要注意，在转势中，时间是一个非常重要的因素。时间和知识、态度有关，单靠时间就可以将主要趋势转势。这种情况出现在市场跌了数月甚至数年的时候，此时市场已经“死亡”，交易几乎停止。

当交易再次活跃时，即使不出现突然的加速运动，也可能出现转势，但这种情况一般比较少。只有当价格表现出长时间的非常显著的变化后，所有的市场参与者才会受到影响，采取行动。

当探寻主要趋势的反转时，一定要关心对整个市场起重要影响的价格变化。另外，主要趋势反转的第一个特征就是派发或吸筹。当然仅仅靠市场主力派发，很少诱发趋势反转。

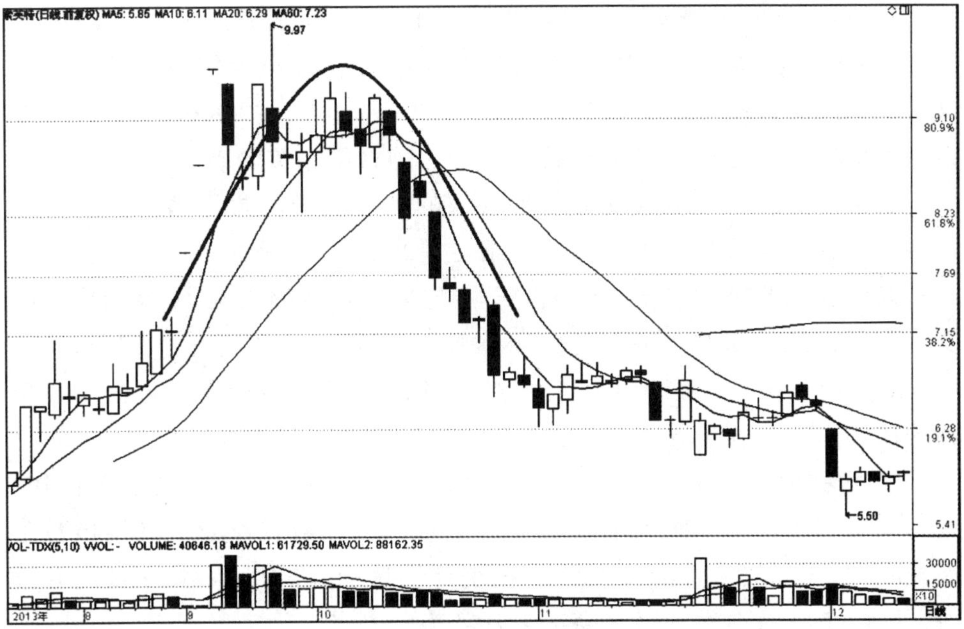

图 8-11　圆弧顶

信号118　崩盘市确认卖出信号

崩盘泛指股市或个股经过长期的上升之后，由于某种原因导致突然大幅下挫，一般跌幅在 50%以上。股市崩盘现象较为少见，但个股崩盘现象却时有发生。一般来说，崩盘产生的原因有两个，一个是内因，一个是外因。内因主要是指股指或个股由于没有内在价值支撑，泡沫极重，终有一日泡沫破裂，出现大幅下挫，使其向内在价值靠拢。外因主要指受突发的消息影响，导致股指或个股上演高台跳水的局面。

1. 崩盘市下的风险

股民们无一不知，崩盘留给人们的影响是深刻而悠远的，下面介绍几个最惨烈的股市崩盘。

（1）美国的灾难。

①纽约1929大崩盘。一个小时内，11个投机者自杀身亡。1929年10月24日，星期四。1929年大恐慌的第一天，也给人们刻上了股市崩盘最深刻的烙印。那天，纽约股市换手的股票达到1289460股，而且其中许多股票售价之低，足以导致其持有人的希望和美梦破灭。

这场崩盘的噩运不仅仅降临到普通的缺乏理智的投资者身上，即使是一些睿智的经济学家也没有逃脱噩运。20世纪最著名的经济学家——凯恩斯，也在此次危机中几近破产。凯恩斯积累的财富在1929年崩盘时受到重创，几乎变得两手空空。

除了经济方面的影响以外，更严重的是，股市崩盘彻底打击了投资者的信心。一直到1954年，美国股市才恢复到1929年的水平。

② 1987股灾。1987年10月19日，又是一段美国股民的黑色记忆，这一天美国股市又一次大崩盘。仅3小时，道琼斯工业股票平均指数下跌508．32点，跌幅达22．62%。据统计，从10月19日到26日的8天内，因股市狂跌损失的财富高达2万亿美元之多。

（2）日本的灾难。

1987年美国噩梦之后两年，日本又开了另一场新的噩梦。1989年12月，东京交易所最后一次开市的日经平均股指高达38915点，这也是投资者们最后一次赚取暴利的机会。

进入1990年代，股市价格旋即暴跌。到1990年10月份，股指已跌破20000点。1991年上半年略有回升，但下半年跌势更猛。1992年4月1日，东京证券市场的日经平均指数跌破17000点，日本股市陷入恐慌。

（3）中国的股灾。

与西方发达市场经济国家相比，中国股市发展历程较为短暂，但依然经历了两次惊心动魄的股灾。

1996年4月1日到12月9日，上证综合指数涨幅达120%，深证成份指数涨幅达340%。证监会连续发布了后来被称作“12道金牌”的各种规定和通知，意图给股市降温，但行情仍节节攀高。

后来涨势终于被遏止，上证指数开盘就到达跌停位置。除个别小盘股外，其他所有股票全日封死跌停，次日仍然跌停。全体持仓股民三天前的纸上富贵蒸发大半。

2001 年 7 月 26 日，国有股减持在新股发行中正式开始，引发股市暴跌，当日沪指跌 32. 55 点。到 10 月 19 日，沪指已从 6 月 14 日的 2245 点猛跌至 1514 点，当日 50 多只股票跌停。当年 80%的投资者被套牢，基金净值缩水 40%，券商佣金收入下降 30%。

2007 年 10 月 16 日，上证指数上涨到 6124. 04 点。从此之后，上证指数急转直下，以瀑布般姿态下降，一直下跌到 2008 年 10 月 28 日的 1664. 93 点，股市出现前所未有的大熊市（如图 8-12）。

图 8-12　上证指数 2007 年底至 2008 年上半年的崩盘

2. 导致股市崩盘的原因

虽然各国引发股市崩盘的直接原因各不相同，但都有一些共性：股市走势大大脱离经济基本面，因此注定难以持续，一有风吹草动，便全线溃败。股市中人们投机心态过盛，风雨将至，仍勉力为之，或追涨杀跌，全凭感觉，终不免悲惨收场。总而言之，之所以会引发股市崩盘，最起码应具备以下条件之一。

（1）宏观经济基本面出现了严重的恶化，上市公司经营发生困难。

（2）低成本直接融资导致“非效率”金融以及“非效率”经济发展，极大地催生泡沫，导致股价被严重高估。

（3）股票市场本身的上市和交易制度存在严重缺陷，造成投机盛行，股票市场丧失投资价值和资源配置功能。

（4）政治、军事、自然灾害等危机，使证券市场和人们的信心受到严重打击，证券市场出现心理恐慌，无法继续正常运转。

卖赚宝典

崩盘市具有风险，这一点自然不用言说。避免崩盘市的风险，最好的办法就是在崩盘市到来之前及早撤离。一般来说，崩盘出现前总是一片莺歌燕舞，似乎毫无征兆。但仔细鉴别，总会有一些迹象，正如古语所说，“山顶欲来风满楼”。

2007 年股市崩盘前，各种预兆已经很多了：形态上的双重顶，移动平均线上 5 日均线下穿 10 日、20 日均线，形成死叉、均量线死叉、**MACD** 死叉，还有向下跳空缺口等。如此多的信号被股民无视，导致大部分人高位套牢。

第九章

大盘现象提示的卖出信号

信号119 国家政策调控传递的卖出信号

“会买的是徒弟，会卖的才是师傅。”这是股市中投资者经常听到的一句话。这句话告诉我们，尽管选股很重要，但及时卖出股票获利更加关键。这是因为牛市中买入的机会非常多，而牛市顶部卖出的机会往往只有一次。市场上有“底部百日，顶部三天”的说法，说明逃顶的难度。其实在顶部到来的时候，总会有一些市场现象传递出卖出信号的。

我国股市向来有“政策市”之说，国家政策调控对股市的影响最为直接。国家政策主要包括货币政策、利率政策、产业政策、针对股市的政策等。股市投资必须对国家政策动向保持关注，才能捕捉住股市动向，把准股票买卖点。

纵观整个中国股市，可以发现许多头部都是由政策调控造成的，真正自然形成的技术顶部并不多。如1995年停止国债、期货交易，造成5.18行情的大幅上涨。数日后公布新股上市额度，股指形成头部，随后大幅下跌。

再如1996年12月中旬，沪深股市连续上涨，上证指数已涨到1258点。随后数日，人民日报发表社论，认为股市市盈率太高，泡沫过多，结果造成股市大跌，形成阶段性头部。

1997年5月中旬的大顶部，也是由直接的政策调控造成的。5月9日证券印花税率由千分之三上调为千分之五，紧跟着公布了300亿元的新股上市额度。1997年5月22日，又出台了严禁国企和上市公司炒股的规定。连续的政策调控，使股指形成一个大头部，紧跟着是一轮大幅下跌。

回头看看中国资本市场中的第一次特大牛市顶部，也不乏国家政策调控的身影。据统计，2007年4月，我国城乡居民储蓄存款减少了1674亿元，与2006年相比，当月同比多减少了2280亿元。在金融意识较浓的上海，前4个月的“储蓄搬家额”就是700亿元。在我国银行史上，这种短期内的群体性“资金搬家”还是第一次，可见“全民炒股”来势凶猛。

那轮牛市是2007年从2728点起步的，到10月摸高6124点，再以5261点岁末收尾，全年涨幅几近翻番，在同年全球股市中也涨幅居首（如图9-1）。疯狂的股市自然少不了国家的调控，国家接连推出新政策，如提高利率、银行存款准备金率等举措，但是仍然不能阻止股市上涨。风险逐渐累积，直到2007年10月份这轮牛市开始下跌。

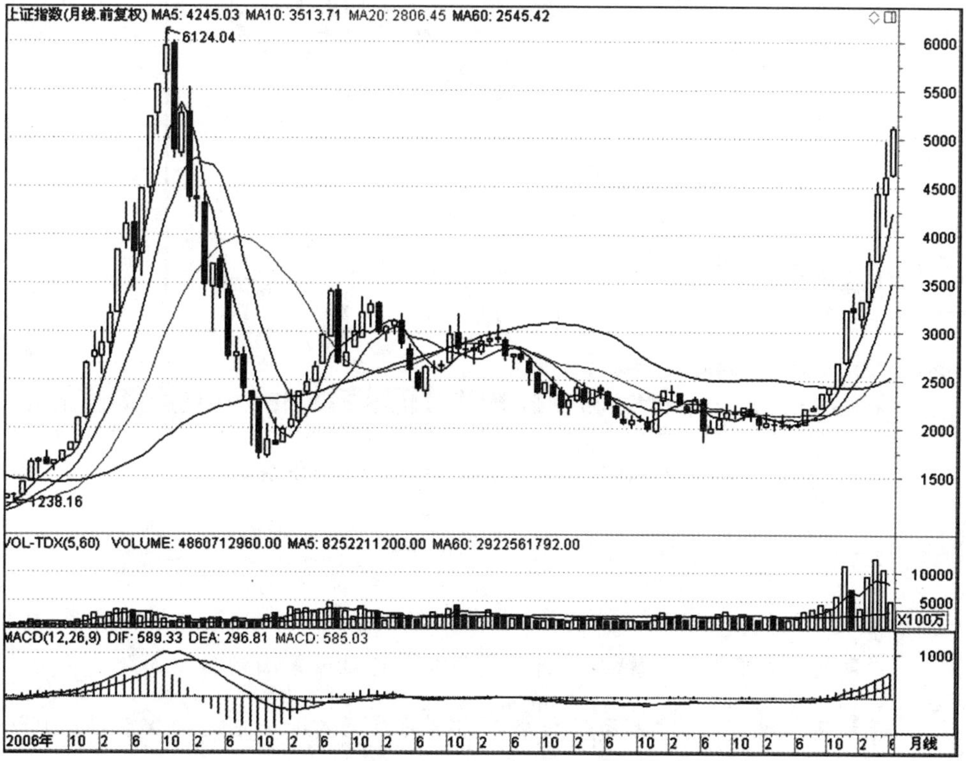

图9-1　2006-2015年6月上证指数月K线图

启动于2014年的牛市被普遍看好，涌入股市的资金量远超过上一轮牛市，其行情很可能会超越2007年的大牛。政府培育慢牛的政策导向，一带一路的战略规划对股市形成的长期利好，100多家国企改制重组导致市场概念题材井喷，都对本轮牛市起到拉动、促进和催化作用。虽然本轮牛市现在尚未见顶，但每次的小调整仍不乏国家政策的导向信号（如图 9-2）。

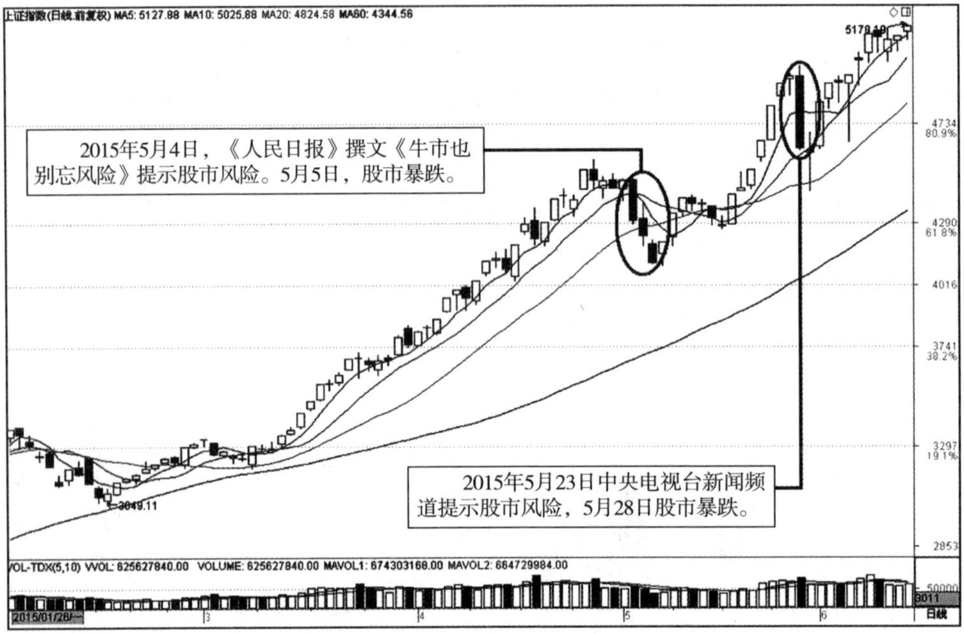

图 9-2　2015 年调控政策导致股市阶段性暴跌

卖赚宝典

通过上面的分析可以看出，投资者如想成功逃顶，必须把握住政策导向，广泛搜集政策信息。精心分析政策信息，通过政策面的微小变化，及时发现管理层的调控意图。这样才可以领先一步

市场泡沫过大时，"上面"总会有明显的政策信号。不过从政策推出到真正发生作用，其间有一定的时间差。有时政策信号强烈，有时则不太明显，投资者可以参考新股发行速度来判断政策是否见顶。

历史上屡次在大盘接近顶部时，新股都是争先恐后地发行上市。例如 2015 年 6 月 18 日，一天就有 11 只新股进行网上申购。这或许纯属巧合，但投资者仍可从新股中观察"上面"的脸色。

信号120　盘面特征发出的卖出信号

尽管逃顶非常难，但高手还是可以通过不同的盘面特征发现大盘顶部的。总的看来，投资者可以通过以下几个因素的变化，识别大盘已经接近一个波段行情的末期。

（1）市场热点消退。以上一轮主力品种作为指标股，这是因为波段上涨与热点的持续有以下规律：一轮行情一个热点。这就是说，当前的热点发挥到极点并被市场高度认同的时候，这个热点将开始消退，大盘将进入阶段性调整，以酝酿新的热点。如果热点酝酿失败，则可能形成中期拐点。

（2）龙头股该涨不涨。无论是技术面还是基本面向好的情况下，龙头板块的龙头个股却放量不涨，那么就要小心了，很有可能主力正在出货。当龙头板块的龙头个股开始下跌，而且市场无法孕育出新龙头，盘中热点散乱，市场没有具有号召力的品种，这是盘子走弱的重要信号。

（3）拉权重股护指数。行情尾端，一般指数不是依靠热点板块的推进，而是借助拉抬权重指标股来稳指数，形成所谓的“指数虚高，个股普跌”局面。

（4）个股全面补涨。这时大部分股票放量滞涨，而前期涨幅有限的股票开始补涨，意味着升势即将见顶。指标股的补涨几乎是任何一轮行情结束的标志。由于指标股权重大，因此行情末期会出现二八现象，大盘加速上涨，通道斜率变陡，成交出现萎缩，市场分歧加大等特征。

（5）股价加速上升，价量齐增。股市经过一段时间的上涨后，市场看多气氛较浓，信心增强，股价开始出现加速上涨。伴随着较大的成交量，形成天量天价的市场运行格局。这种时候市场波动较大，一旦出现下跌，往往就是阶段性顶部。

（6）技术压力和心理压力的评估。2007 年高点 6124 点，是在突破 6000 点之后形成的拐点。当时市场看到 8000 点的有，看到 10000 点的有。恰在此时，拐点出现了。到市场一致确认这个拐点存在，是半年以后的事情，此时大盘已经几乎被腰斩。

（7）股指滞涨。如果股指上升后期收出的 **K** 线阴多阳少，股指拉升显得力不从心，并开始出现股指滞涨的迹象，此时要考虑阶段性顶部马上来临。

卖赚宝典

阶段性顶部的出现有一些特征，投资者只要掌握了阶段性顶部出现时的这些特征，就可以尽早发现阶段性顶部的到来。在股市中，投资者应该关注上面提到的阶段性顶部出现时的特征，一旦出现这些特征中的一个或几个，除非基本面出现重大变化以化解这些压力，否则阶段性顶部已经接近。

信号121 指数顶部 K 线传递的卖出信号

指数代表了全体个股的综合走势。一轮牛市，当指数经过连番上涨以后，就会进入到顶部。一旦形成顶部，便意味着绝大多数个股均形成了顶部。所以当指数明确形成顶部的时候，那些实力较大的机构资金便已进入到中末期出货阶段了。这将会是非常危险的状况，因为从股市这些年的变化来看，一旦指数形成顶部，少则要跌两三个月，多则要跌五六个月。这期间，绝大多数个股股价都是要往下走的。所以一旦指数形成顶部，不管什么样的个股，都要赶紧卖出。指数见顶就是卖掉个股最重要的技术理由。

指数顶部一旦形成，总会出现某些特有的征兆，这些顶部征兆是任何时期的指数都不曾具备的。投资者在实战的时候，只要略加留意，就可以准确判断出它们的存在。

指数见顶往往是由于资金疯狂出局所致，所以指数见顶时总会出现大阴线，而且这些阴线往往是指数上涨过程中很难见到的实体较大的阴线（如图 9-3）。

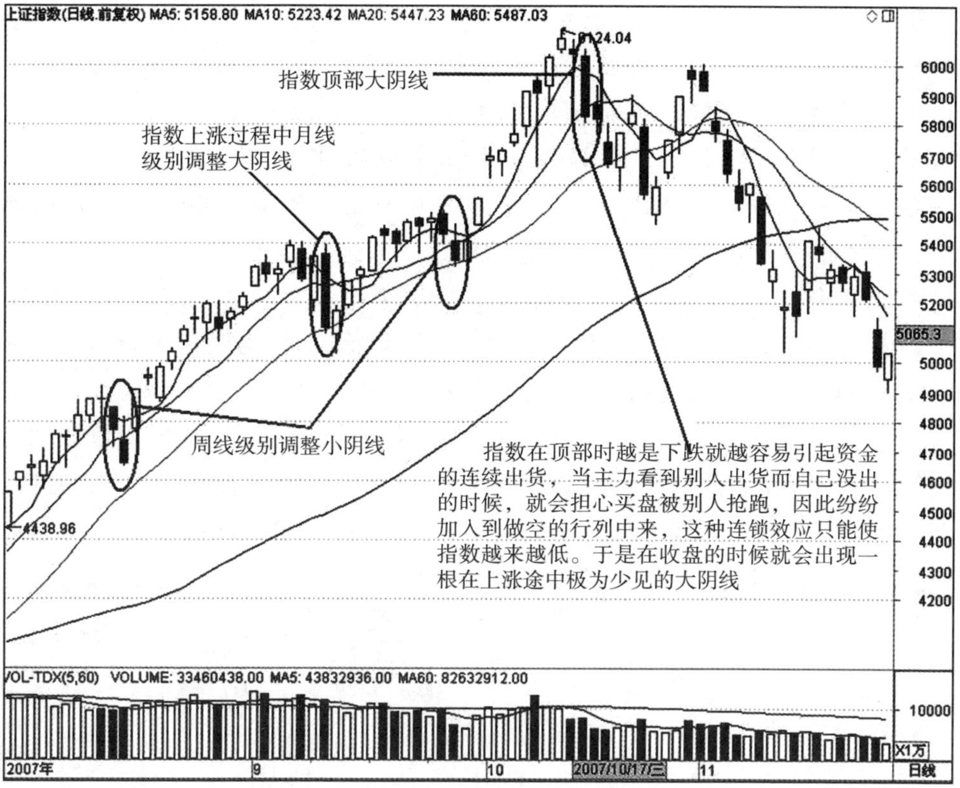

图 9-3　指数见顶时的大阴线

指数上涨过程中，出现周线级别的调整，一般跌幅都很小，很难收出大实体阴线。因为这时庄家还不想出货，所以没有大量的抛盘，指数就很难出现较大的下跌。但指数见顶就不同了，由于各路资金纷纷跑路出局，见买盘就杀，不顾一切地出货，所以会把指数打得很低。此时盘中的庄家不愿再花费成本把指数拉抬上去，因此就形成了指数见顶时的大阴线。

2007 年牛市行情启动后，指数一路上涨，上涨途中有阳线有阴线，月线级别调整的大阴线也仅出现一根，这说明盘中资金的运作力度是相当大的。

到了顶部以后，由于资金纷纷出逃，盘中的抛压变得非常沉重。由于市场涨到了高位，盘中资金不愿意再承接抛盘做高指数，故而指数出现了下跌力度较大的阴线。之后又是两根大阴线，将指数一路下拽，急速下行。

大阴线的出现，说明盘中资金做多力度锐减。在指数做多力量消失，做空力量增大的时候，就是投资者出局的最好时机！指数上涨过程中出现的第一根大阴线，一般可以视为上涨中继或月线级别的调整。但当第二根前所未有的大阴线出现时，投资者就一定要捂紧口袋，果断离场观望，决不能手软，或者对后市抱有幻想。

2007 年 10 月至 11 月的顶部，是一次历史上的中线大顶。10 月初，牛市格局延续，指数屡创新高，蛊惑了不少投资者。然而 2007 年 10 月 12 日，这个“黑色星期五”却拉开了这轮牛市即将狂泄的大幕。

这一天大盘虽然收出了一根带有长下影线的小阴线，然而成交量却创出新高，显然是主力出货所致（如图 9-4）。然而太多投资者被 6124 点的指数新高迷惑了头脑，恋战的结果就是迎来了 10 月 17 日开始的股市大跌。

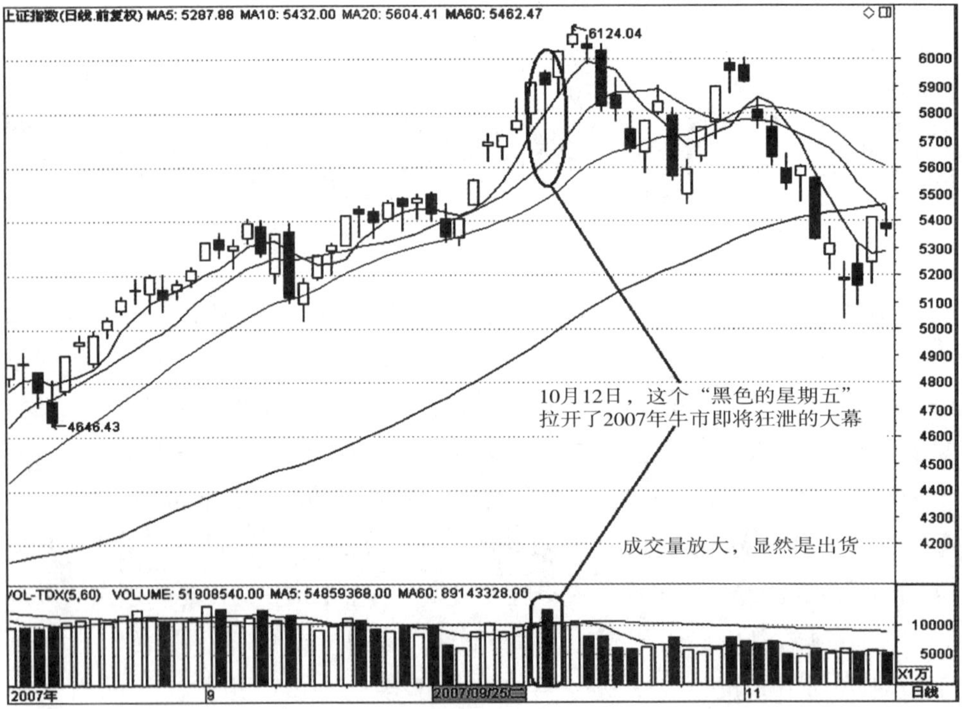

图 9-4 2007 年 10 月 12 日大盘指数 K 线图

指数顶部的阴线往往还有一个重要的特征，就是向下击破 8 日和 22 日均线（8 日与 22 日均线是著名的一阳生死线）。指数在上涨的时候很少会向下击破一阳生死线，就算有过击破现象，第二天马上就会以大阳线的形式收复回去。但如果指数到了顶部，一旦向下击破了一阳生死线，指数就很难再收上来了。上涨时的向下击破是为了震仓，而从顶部向下击破则是为了出货。

卖赚宝典

指数顶部之所以总会套住不少投资者，除了技术方面的原因，更多地是因为投资者贪婪、盲目的心理在作怪。

有的投资者明知顶部来了，可是手中的股票还套着，于是就抱着赌一把的心态，在指数见顶时依然不松手，结果越套越深。有的投资者在指数见顶下跌后，手中的个股已经跌到了原定的止损位，由于仍旧抱着幻想，所以不舍得止损出局，结果股价越跌，就越不舍得卖，导致亏损越来越大。

可见，判断顶部的技术并不难，但要克服顶部到来时的种种错误心态，却是一件很困难的事。

信号122　指数顶部量能传递的卖出信号

无量不成顶。顶部的最大特征就是资金蜂拥出局！资金持续离场，使上涨失去了做多的动力，因此指数会形成顶部。

（1）背离顶与放量顶 。在指数上涨的时候，资金积极入场，推动指数节节攀升，但到了顶部以后，由于抛盘越来越多，所以指数会越涨越慢。当抛盘累积到一定数量的时候，就会引起指数回落。虽然盘中的资金流普通投资者比较难看出来，但通过指数 K 线图的变化，却是可以很轻易地就看出来的。

在指数波动到顶部时，往往会有背离顶和放量顶两种形态（如图 9-5）。

图 9-5 背离顶与放量顶

背离顶一般常出现在中线顶部行情中，如 2007 年大牛市。它的技术特征是：指数创新高，但成交量并不创新高，形成高位量价背离走势。

放量顶多见于短线上涨行情的顶部，如 2009 年牛市顶就属于这种情况，不过中线顶部也会出现。它的含义就是：在高位成交量创下近期的最大量，并且后期会出现缩量的走势。

背离顶是庄家借助指数创新高吸引人气进行出货，往往前期高点已经有明确的庄家出货迹象。放量顶则是利用市场人气的高涨，进行大力度的出货操作。

它们的区别一般在于：背离顶形成的时间比较长，而放量顶形成的时间比较短。不过，由于当前行情持续时间比较长，所以虽然出现了放量顶的迹象，但指数依然会在高位区间进行一番震荡。

（2）龙头股率先出货。指数见顶，谁会率先在盘中进行出货操作呢？毫无疑问，就是龙头股。龙头股之所以形成，就是因为有大量资金对它们进行了积极的操作，因此才可以对其他个股产生领涨的作用。由于龙头股上涨速度极快，所以上涨到高位以后，便会开始展开出货操作。

庄家巨大的持仓量必须要在指数见顶的第一时间进行出货，否则一旦指数见顶下跌，其他个股也纷纷出货的话，就会与龙头股争抢买盘。这也就决定了龙头股的出货时间必须比其他个股提前一些。

由此，我们可以制定出指数在顶部时的操作计划了。密切关注龙头股的出货量，只要先于指数形成了顶部，就需要将手中的龙头股及时地卖出。这是因为先于指数形成顶部的个股，不会再带来盈利机会了。

当然，凡事不可一概而论。比如股市最近的短期头部在 2012 年 10 月 22 日见顶，但是热门板块的龙头股汉钟精机却在 10 月 19 日见顶，刚好提前一个交易日。

学习炒股技术，不能“一招鲜，吃遍天”，其实主力也会根据大多数股民的操作习惯和思维惯性，有意识地反向操作，千方百计地把散户装进去。所以任何事情都要看本质，而不只是看现象。

卖赚宝典

利用 MACD 指标判断指数会下跌多长时间是一个很好的方法。从历史统计来看，一波行情由上涨到跌到下一个底部的时候，MACD 指标往往会发生这样的变化，从高位 MACD 指标回落到前一次行情指标金叉位置时（或附近），往往会使指数构成一个底部区间。

在指数形成顶部，MACD 高位死叉向下回落的时候，我们便可以得知趋势已经转折。指数要下跌到多久才是底部呢？就是回落到前期底部 MACD 指标底部金叉位置的时候。

信号123 指数超跌破位传递的卖出信号

指数见顶并出现下跌以后，如果下跌的周期较长，必然会出现各种各样的反弹走势。这些反弹常会给投资者造成一种形成底部的错觉。不少投资者在牛市成功逃顶之后，却被套在了下跌中途的假底中。

熊市不言底，因为你不知道底部在哪里。熊市反弹形成的假底，往往在指数见顶下跌不太久的时候出现，并且整体跌幅不算太大。指数在此反弹的时候，成交量往往并不会配合放大，而是形成萎缩的状态，这说明机构资金入场做多的积极性并不高。

没有机构资金的支持，指数自然也就很难扭转下降趋势，更何况大级别的下降趋势，怎么可能只由一根阳线就逆转了呢？趋势的转变往往需要一个过程，抄底操作永远要慢一些，这样才比较安全。先于主力资金入场进行操作，代价必然是非常惨重的。

如果在指数反弹的早期买进股票，可能还会获得短线盈利。但如果在反弹末期买入股票，在能够确定指数反弹高点的情况下，一定要快速出局。在不能确定高点的情况下，一定要在指数破位再创新低的时候火速走人。

如果在这个区间的确有机构资金建仓，那么指数将很难跌破这个位置的支撑；如果这个位置并不是底部，则将会被无情地跌穿。所以指数再创新低的时候，意味着这并不是机构成本所在。既然不是真正的底部，顺势下跌也就在所难免了。

如图 9-6 所示，2013 年 2 月，上证指数形成顶部以后，出现了连续下跌走势。在顶部初期下跌阶段，许多投资者认为下跌只是正常的调整，于是放松了警惕，从而越陷越深。

如果说初期下跌是正常的调整，你没有果断卖出还算正常，那么一轮下跌结束以后——2013 年 4 月出现了一次弱势反弹走势，带有一定的迷惑性，此时还没卖出，也算你有理由。随后一根大实体的阴线再度引

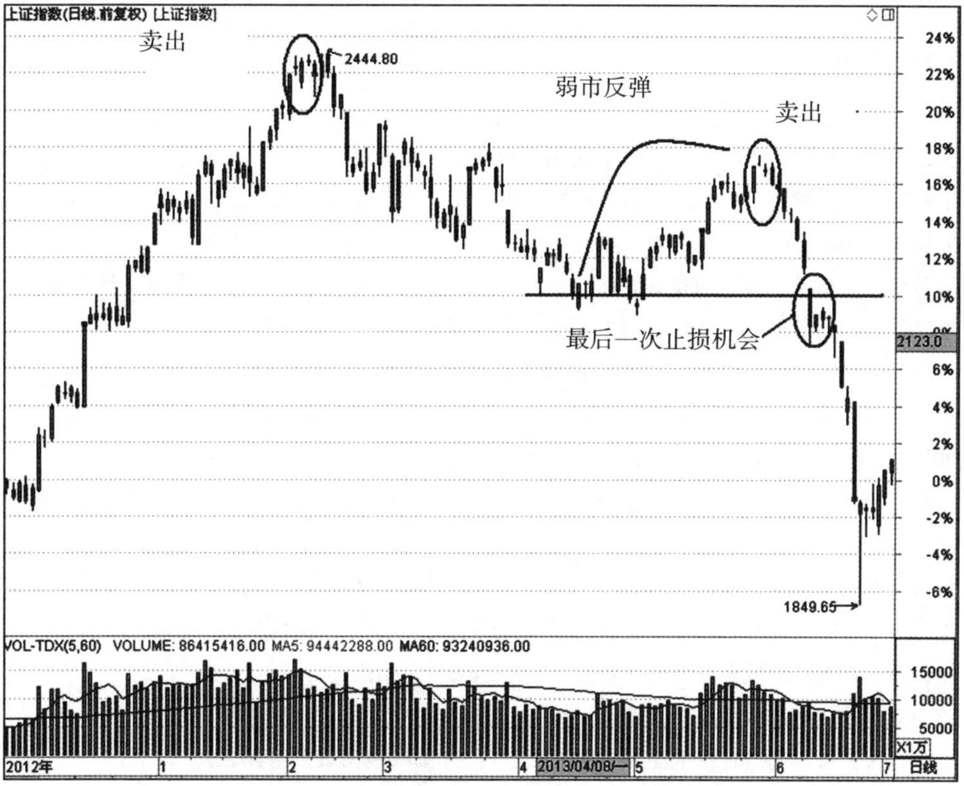

图 9-6　指数超跌破位的卖出信号

发破位，这时总该卖出了吧？这已经是最后一次有利的止损机会。这个卖出机会如果你再不抓住，那么指数后期连续下跌，毫无疑问将会使你的资金大幅缩水。

卖赚宝典

如果没有逃掉指数初期下跌带来的风险，那么在下跌途中，指数再次出现破位走势的时候，一定要果断离场。出现破位意味着下跌行情还没有终止。

从历史走势来看，见顶后的第一次破位，往往意味着指数至多只下跌了一半。此时卖出被套牢的股票，的确需要一些魄力。但再痛也得卖，不卖后面的下跌会让你更难受。

【参考文献】

黄俊杰. 突破为王——五根 K 线锁定买卖点［M］. 北京：中国电力出版社，2015.

宁俊明. 与庄神通——股票交易中的精准买卖点［M］. 北京：四川人民出版社，2014.

尼尉圻. 解码股市——赢在买卖点［M］. 北京：中国纺织出版社，2014.

崔慧勇. 找准买卖点——股票最佳买卖点实战大全［M］. 北京：中国电力出版社，2013.

冯矿伟. 双龙战法——盘口精确买卖点［M］. 北京：地震出版社，2013.

范江京. 实战买卖点（实战精华版）［M］. 北京：机械工业出版社，2015.

本社. 股市实战如何精准把握买卖点［M］. 北京：电子工业出版社，2013.

刘炟鑫. 一线牵牛股——精确狙击买卖点［M］. 北京：四川人民出版社，2013.

赵信. 筹码分布——准确提示买卖点（彩图实战版）［M］. 北京：广东经济出版社，2012.

本社. 决胜买卖点 1 分钟秘笈［M］. 北京：电子工业出版社，2012.

操盘圣手. K 线买卖点大全［M］. 北京：中国经济出版社，2012.

朱树健. K 线形态买卖点大全［M］. 北京：化学工业出版社，2012.

蒋幸霖. 散户必知的 200 个买卖点［M］. 北京：清华大学出版社，2012.

老牛. 选股与买卖点技法大全集［M］. 北京：人民邮电出版社，2012.

李群. 用技术指标决定买卖点（个股实战版）［M］. 北京：长江文艺出版社，2012.

李郑伟. 短线操盘买卖点大全［M］. 北京：化学工业出版社，2012.

张永生. 买卖点实战图解［M］. 北京：电子工业出版社，2012.

龚梵煜. K 线+形态=买卖点——如何运用 K 线技术在股市中盈利［M］. 北京：地震出版社，2012.

曹千阳. 精准判断买卖点——炒股就这一招［M］. 北京：中国宇航出版社，2012.

曹明成，谭文. 擒住大牛：一本书看透股市庄家［M］. 上海：立信会计出版社，2015.

康凯彬. 跟庄实战技法（第 3 版）［M］. 北京：中国纺织出版社，2015.

崔再生. 炒股揭秘图［M］. 北京：中国纺织出版社，2014.

王春玮. 发现身边的成长股［M］. 北京：中国宇航出版社，2014.

王彬. 炒股就这几招［M］. 北京：中国电力出版社，2014.

曾光. 新手学电脑炒股一点通［M］. 北京：金盾出版社，2014.

程永红. 这样炒股稳步赚钱——炒股盈利流程与法则［M］. 北京：广东经济出版

社，2014.
陈明贤. 这样炒股马上赚钱——股怎么炒提高篇［M］. 北京：广东经济出版社，2014.
张文伏. 这样炒股灵活赚钱——各有妙炒［M］. 北京：广东经济出版社，2014.
杨小丽. 我的第一本炒股入门书——财商决定财富（插图版）［M］. 北京：中国铁道出版社，2014.
本社. 新手学炒股票与基金（白金版）［M］. 北京：清华大学出版社，2014.
谢宏章. 炒股对策决定成败［M］. 北京：经济管理出版社，2014.
付刚. 稳赚就这几招——炒股必赚的 108 个稳赚术［M］. 北京：机械工业出版社，2014.
李凤雷. 从零开始学短线（第二版）［M］. 北京：经济管理出版社，2014.
老郭. 看盘口做短线［M］. 北京：机械工业出版社，2014.
吴行达. 短线为王之五——解读 K 线玄机（第 2 版）［M］. 北京：经济管理出版社，2013.
百万. 短线猎手——速增百倍盈利的巅峰技巧（第 2 版）［M］. 北京：经济管理出版社，2013.
栾振芳. 短线操盘高手大全（上、下）［M］. 北京：华侨出版社，2013.
韩雷. 短线为王之一——掘金成交量（第 2 版）［M］. 北京：经济管理出版社，2013.
杨韧. 短线为王之四——揭开藏在盘口背后的秘密（第 2 版）［M］. 北京：经济管理出版社，2013.
韩琨. 短线为王之二——揭底庄家：透视主力动向［M］. 北京：经济管理出版社，2013.
杨茜. 短信为王之三——发掘短线机会的五个黄金点［M］. 北京：经济管理出版社，2013.
黄俊杰. 短线买卖的 66 种分时图［M］. 北京：经济管理出版社，2013.
李金山. 新股民短线操作快速入门［M］. 北京：中国劳动出版社，2013.
伍朝辉. 道破短线天机（上册）（彩图版）［M］. 北京：广东经济出版社，2013.
范江京. 短线高手实战金典（彩图版）［M］. 北京：机械工业出版社，2013.
伍朝辉. 道破短线天机（下册）（彩图版）［M］. 北京：广东经济出版社，2013.
罗宇. 短线炒手——散户致富的秘诀（第 2 版）［M］. 北京：经济管理出版社，2013.
高山. 股票短线交易的 24 堂精品课——驾驭市场的根本结构（上、下）［M］. 北京：经济管理出版社，2013.
陈金生. 短线买入卖出的 66 个信号［M］. 北京：华中科技大出版社，2013.
刘超，周晓烨. 炒股必知必读：选股与跟庄［M］. 北京：当代世界出版社，2001.

浩潮. 炒股制胜绝招［M］. 北京：中国建材工业出版社，1999 年 4 月第 1 版.
李云. 高手股经——炒股冠军自爆秘笈［M］. 深圳：海天出版社，2001.
刘文晓. 股市运作大全［M］. 长沙：湖南科学技术出版社，1995.
宏凡. 短线必杀技 III——股市指标操盘技法［M］. 北京：上海财经大学出版社，2012.
王陈. 新手学短线交易（全彩图解）［M］. 北京：中国铁道出版社，2012.
王陈. 短线交易赚钱技法［M］. 北京：中国铁道出版社，2012.
麦考尔. 短线交易圣经——如何在市场波动中获利［M］. 北京：人民邮电出版社，2012.
英姿. 看图谱捕捉短线黑马［M］. 北京：华中科技大出版社，2012.
陆佳. 从零开始学短线交易［M］. 北京：清华大学出版社，2012.
范平生. 短线圣手［M］. 北京：广东经济出版社，2012.
韩雪. 短线操盘绝招［M］. 北京：广东经济出版社，2012.
宏凡. 短线必杀技——股市切线操盘技法（II）［M］. 北京：上海财经大学出版社，2012.
李郑伟. 短线选股与交易实践技法［M］. 北京：化学工业出版社，2012.
金玉. 短线炒股从入门到精通（个股实战版）［M］. 北京：长江文艺出版社，2012.